오늘의
감정,
/
클래식

일러두기

1. 책명·시집·가곡집은 겹꺾쇠 《 》로, 단편·시·곡명·가곡명·교향곡의 표제·오페라는 홑꺾쇠 〈 〉로 묶었다.
2. 국내에 소개된 오페라·곡명은 번역된 제목을 따랐고 처음 나오는 위치에만 원제를 병기했다.
3. 직접인용 문구는 겹따옴표 " "로, 간접인용과 혼잣말, 강조 문구는 홑따옴표 ' '로 표기했다.
4. 인명과 지명은 외래어 표기법을 따랐고 관용적으로 쓰이는 이름은 그대로 표기했다. 원어명은 본문에서 처음 나오는 위치에 표기했다.
5. 조성은 한글과 로마자 표기를 병행했고 로마자의 경우 장조는 대문자, 단조는 소문자로 표기했다.

이 책에 나오는 42가지 감정에 맞는 음악 한 번에 듣기

오늘의
감정,
──
클래식

기분 따라 듣는 42가지 클래식 이야기

Feelings of the day,
classical music

클래식 읽어주는 남자 지음

초록비책공방

나에게 무슨 일이 일어나든 그것과는 상관없이,

내 인생은 매 순간순간이 무의미하지 않을 것이다.

- 톨스토이 《안나 카레니나》 중

인생의 매 순간은 어떤 감정과 함께합니다. 인생의 매 순간이 무의미하지 않다는 것은 감정 또한 무의미하지 않다는 것이겠지요. '무의미하지 않은 우리의 감정에 음악을 덧입힌다면 어떨까?'란 물음에서 이 책은 출발했습니다. 우리가 매일 마주하는 수많은 감정에 음악이 더해진다면 분명 삶은 더욱 풍성해질 테니까요.

삶을 살아간다는 건 각자가 자기 삶의 작곡가가 된다는 것입니다. 자신에게 맞는 조성과 박자를 설정하고 음표를 하나하나 써 내려가는 것이죠. 책을 읽는 이 순간에도 여러분의 음표는 쓰이고 있습니다. 그리고 지금 쓰인 음표들은 필연적으로 뒤에 나올, 또 그다음 나올 음표에까지 영향을 미치겠죠. 그것이 음악이고 인생이니까요.

　누군가는 밝은 장조로, 또 다른 누군가는 어두운 단조로 곡을 써 내려갈 겁니다. 평범한 4/4박자, 경쾌한 3/4박자, 아니면 조금 독특한 6/8박자. 박자도 각자가 정하기 나름입니다. 그리고 같은 박자 안에서도 느리게*Largo*, 빠르게*Vivace*, 보통 빠르기로*Moderato* 등 각자의 빠르기로 살아가겠죠. 정답은 없습니다. 중요한 것은 나의 속도대로 꾸준히 나아가는 것이니까요.

　조성, 박자, 빠르기와 함께 설정할 수 있는 것이 바로 음악의 지시어입니다. 우리의 감정과 밀접하게 연관된 부분이기도 하죠. 생기있게*Animato*, 우울하게*Mesto*, 열정적으로*Con Fuoco* 등의 지시어는 빠르기말과 함께 사용되어 음악을 훨씬 풍성하게 만들어줍니다. '빠르고 생기있게*Allegro Animato*'처럼 말이죠. 빠르고 생기있는 음악이 있다면 반대로 '느리고 우울한*Largo e Mesto*' 음악도 있을 겁니다. 중요한 건 '느리고 우울하게'란 지시어가 음악에서만큼은 부정적인 표현이 아니라는 것입니다. 우울한 음악이 오히려 마음을 위로하고 삶의 고단을 치유하는 것처럼 우리의 삶 또한 우울이란 감정 덕분에 내면 깊숙한 곳을 바라보게 되고, 좌절을 겪으며 더욱 단단해집니다. 결국 부정적인 감정까지 모두 긍정할 수 있을 때 나의 음악은 찬란하게 빛날 수 있는 법입니다.

　우리의 삶과 음악은 단편적이지 않습니다. 느리고 우울하게 시작된 음악이 빠르고 경쾌하게 바뀌고, 무거운 단조가 밝은 장조로 바뀌고, 느린 템포가 빠르게 바뀌는 것처럼 우리의 삶 역시 언제든 크고 작은 변화를 맞으며 보다 입체적으로 변해갑니다. 한 가지 잊지 말아야 할 것은 다른 누구도 아닌 내가 펜을 쥐고 있다는 사실입니다. 내 인생의 악보는 다른 누군가가 아닌 내가 그릴 때 비로소 의미가 생기는 법이니까요.

지금까지 여러분의 음악은 어떤 조성과 박자, 빠르기와 지시 어로 작곡되었나요? 그리고 앞으로의 음악은 어떻게 진행되길 원하나요? 조성과 박자, 빠르기는 여러분의 몫으로 남겨두겠습 니다. 단, 삶의 '지시어'를 설정하는 데 이 책에 담긴 42가지 감 정과 음악이 조금이나마 도움이 되길 바라봅니다.

책의 목차는 인간의 일곱 감정인 칠정(七情)■을 따랐습니다. 여기에 하나의 감정을 여섯 개의 세부 감정으로 나누고, 그에 어 울리는 작곡가와 클래식 음악 이야기를 담았죠. 물론 절대적인 기준으로 세부 감정을 나눈 것은 아닙니다. 가령 '슬픔, 애(哀)' 에 넣어둔 '그리움'이란 감정이 누군가에겐 '기쁨, 희(喜)'로 느 껴질 수 있는 것처럼 감정은 지극히 주관적인 영역이기에 저만 의 기준으로 감정을 조심스럽게 분류했습니다(부디 많은 분이 공 감하길 바라며…).

이 책을 즐기는 방법은 간단합니다. 목차에 쓰인 감정은 음악 과 함께일 때 그 의미가 배가됩니다. 소개한 음악을 들을 수 있

■ 희(喜 기쁨), 노(怒 분노), 애(哀 슬픔), 락(樂 즐거움), 애(愛 사랑), 오(惡 미움), 욕(慾 욕심)

도록 QR코드를 삽입해 두었으니 글을 읽으며 혹은 읽고 난 후 음악을 들어보고 자신의 감정을 충분히 보듬어주세요. 책에 담긴 42가지 감정을 하나하나 마주할 때마다 여러분의 감정과 음악 감수성이 더욱 깊어지길 바랍니다.

마지막으로 이 책은 감정을 설명하는 책이 아니라 '클래식 음악을 소개하는 책'이라고 분명하게 말하고 싶습니다. 감정은 그저 클래식에 대한 여러분의 마음 장벽을 낮추기 위한 도구로 사용되었을 뿐입니다. 저는 감정이 아닌 '클래식'을 읽어주는 남자니까요.

자 그럼…, 클래식 읽어주는 남자의 《오늘의 감정, 클래식》 지금 바로 시작하겠습니다.

차　례

CLASSICAL MUSIC

2부. 노(怒 분노)

FEELINGS OF THE
DAY,

3부. 애(哀 슬픔)

CLASSICAL
MUSIC

4부. 락(樂 즐거움)

FEELINGS OF THE DAY,

CLASSICAL MUSIC

7부. 욕(慾 욕심)

1부
—
희
(喜 기쁨)

Feelings of the day,
classical music

기쁨

내 안의 자유를 찾아서

모차르트, 오페라 〈피가로의 결혼〉 서곡 K.492
Wolfgang Amadeus Mozart, Opera 〈Le Nozze di Figaro〉 Overture K.492

책의 첫 문장을 쓰며 '기쁨'이란 감정에 대해 문득 이런 생각
이 들었습니다. '이 책의 마지막 문장을 끝내는 순간 얼마나 기
쁠까!'

이제 막 책을 쓰기 시작한 작가가 벌써 마지막 순간을 떠올리
는 것이 과연 책을 쓰는 데 얼마나 도움이 될지 모르겠습니다.
하지만 어쩌겠습니까. 생각만 해도 너무 기쁜 일인 걸요. 주어진
일을 무사히 끝마쳤다는 안도감, 이제 마감 스트레스를 받지 않
아도 된다는 해방감.

하루에도 수십 가지 상황을 맞닥뜨리는 우리의 삶에서 기쁠
일이 한두 개이겠느냐만, 여기에서 소개하고 싶은 기쁨은 바로
'해방'의 기쁨입니다. 제가 수개월 후 찾아올 해방의 기쁨을 이

미 알고 있는 것처럼 이 책을 읽고 있는 여러분 중에도 해방의 기쁨을 이미 알고 있는 이들이 분명 있을 겁니다. 학생이라면 종강이겠고, 군인이라면 전역이겠고, 직장인이라면 퇴사(?)겠지요. 또 부모님으로부터 독립하여 해방의 기쁨을 만끽하고픈 분도 있을 겁니다.

종강과 전역, 퇴사와 독립은 비슷하면서도 다른 해방입니다. 전자는 특별한 노력 없이도 시간이 지나면 당연히 찾아오는 해방이지만 후자는 자신의 의지로 공간을 깨고 나와야 하는 해방이죠. 즉 용기가 필요합니다. 어쩌면 글을 쓰는 저에게도 필요했던, 책을 쓰는 험난한 과정을 다시 밟겠다는 그 용기 말이죠(고생 끝에 찾아올 기쁨을 잘 알기에!).

수많은 기쁨 중 용기가 필요한 기쁨에 관해 이야기해 볼까요. 그러기 위해 우리보다 앞선 시대를 살아갔던 한 음악가를 들여다봐야겠습니다. 고전시대, 음악의 도시 빈을 화려하게 수놓았던 볼프강 아마데우스 모차르트Wolfgang Amadeus Mozart, 1756-1791입니다.

모차르트가 살았던 시대의 음악가들은 오늘날처럼 '예술가'로 대우받는 일이 거의 없었습니다. 왕실이나 교회, 귀족 가문에 소속되어 임금을 받는 기능직 중 하나였죠. 당연히 자신이 하고 싶은 음악보다는 고용주의 입맛에 맞는 음악을 작곡할 수밖에 없었습니다.

'천재'로 불리며 전 유럽의 주목을 한 몸에 받은 모차르트 역시 어쩔 수 없는 그 시대의 작곡가였습니다. 그의 고용주는 까칠하고 권위적인 성격에 잘츠부르크의 콜로레도 대주교였는데요. 음악에 큰 가치를 두지 않았고 음악가들의 처우를 깊이 살피기보다 억압하고 통제하는 것에 관심이 많았습니다. 음악에 관한 자부심이 충만하고 성격마저 자유분방한 모차르트는 콜로레도 대주교에게 거부감을 느낄 수밖에 없었죠. 둘은 자주 마찰을 일으켰고, 한 사건을 계기로 둘의 관계는 완전히 끝을 맺게 됩니다. 황제 대관식에서의 연주 기회가 대주교의 방해로 무산된 것이죠. 대주교에게 받던 연봉의 절반이 넘는 보수는 차치하더라도 명성을 드높이려던 꿈이 무너지자, 대주교에 대한 모차르트의 불만은 폭발하게 됩니다.

결국 모차르트는 자유를 찾아 떠나기로 결심합니다. 불안정할지언정 음악을 통한 기쁨을 느끼고 싶어서였죠. 그렇게 1781년 잘츠부르크를 떠나 빈으로 간 모차르트는 비로소 하고 싶었던 음악을 악보에 옮기기 시작했습니다. 그가 빈에서 발표한 교향곡, 협주곡, 실내악 등 많은 작품이 사랑과 인정을 받았는데요. 모차르트의 최고 작품들은 대부분 이때 작곡되었습니다. 통제와 억압에서 벗어나 자유를 찾은 천재에게 이 시기는 기쁨, 그자체였죠.

빈에서의 모차르트를 이야기할 때 '오페라'를 빼놓을 수 없습니다. 그의 3대 오페라라 불리는 〈피가로의 결혼〉, 〈돈 조반니〉, 〈마술피리〉가 빈에서 작곡되었고, 이 오페라들은 모차르트에게 음악적으로, 경제적으로 큰 성공을 안겨주었죠. 이중 〈피가로의 결혼〉은 프랑스의 극작가 보마르셰의 희극 〈광기의 하루 혹은 피가로의 결혼〉을 원작으로 당대 최고의 극작가였던 로렌초 다 폰테에게 대본을 받아 작곡한 오페라입니다. 보마르셰의 원작은 당시의 귀족과 봉건 사회에 대한 짙은 풍자로 빈에서 상영이 금지되어 있었는데요. 다 폰테와 모차르트는 민감한 부분을 삭제한다는 조건으로 공연을 허락받았습니다. 그렇게 〈피가로의 결혼〉은 1786년 5월 1일 빈의 부르크 극장에서 초연한 이후, 프라하에서 대성공을 거두며 모차르트를 대표하는 오페라가 되었습니다.

〈피가로의 결혼〉은 백작 부인의 하녀 수잔나와 결혼하려는 피가로와 이를 방해하는 알마비바 백작의 이야기를 중심으로 나머지 등장인물들이 유기적으로 얽히며 진행됩니다. 오페라에서는 음악은 물론 등장인물 간의 호흡과 연기력도 못지않게 중요하기 때문에 오페라 레퍼토리의 표준으로 여겨지는 작품이기도 하죠.
　서곡과 극에 등장하는 모든 아리아가 원숙기 모차르트 음악의 진가를 가득 담고 있는데요. 극 시작 전 울리는 〈피가로의 결혼〉 서곡은 앞으로 전개될 이야기를 암시하듯 명랑하고 쾌활한 분위기입니다. 빠른 템포로 음형과 악상이 반복되고 다양하게 변화하는데, 모차르트 특유의 유머와 프리랜서 음악가가 된 이후의 자유로움이 잘 느껴집니다. 단일 곡으로도 매력적이라 오페라 공연이 아닌 오케스트라의 연주 레퍼토리로도 자주 연주되죠. 5분을 넘기지 않는 짧은 곡이니 아침을 상쾌하게 맞이하며 들어볼 것을 추천합니다.

진정한 자유와 기쁨을 찾아 안정적인 삶을 박차고 나온 모차르트와 〈피가로의 결혼〉 서곡의 밝고 명랑한 선율처럼, 지금 제가 책의 출간이라는 기쁨을 좇아 한 문장 한 문장을 채워 나가고 있는 것처럼 여러분 또한 진정으로 기뻐할 수 있는 그 무언가를 향해 나아가는 과정은 결코 헛되지 않을 겁니다. 또한 자유를 찾은 후 진정한 음악적 기쁨을 알게 된 모차르트와 같이 여러분도 언젠가 기쁨이 찾아올 때 마음껏 기뻐하기를 바랍니다.

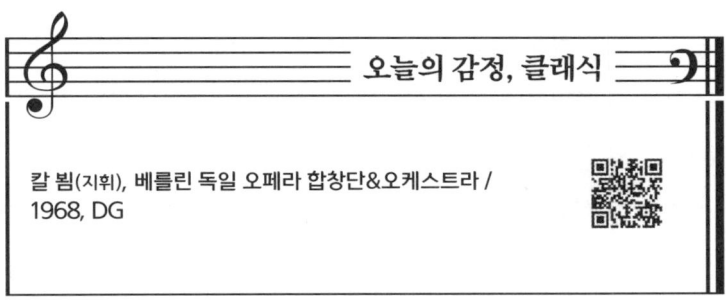

오늘의 감정, 클래식

칼 뵘(지휘), 베를린 독일 오페라 합창단&오케스트라 / 1968, DG

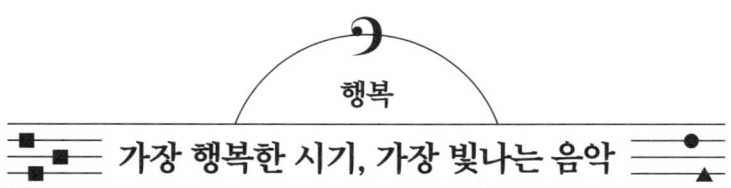

가장 행복한 시기, 가장 빛나는 음악

그리그, 피아노 협주곡 가단조 Op.16
Edvard Grieg, Piano Concerto in a minor Op.16

유튜브 〈클래식 읽어주는 남자〉 채널의 구독자가 3만 명이 넘으니 채널 수익에 대해 궁금해하는 분이 꽤 많아졌습니다. 사실 이 채널의 수익은 거의 없습니다. 저작인접권 때문이죠. 클래식 음악은 저작권이 없다고 생각하는 분이 많지만, 연주자 혹은 음반사에 부여되는 저작인접권이 있습니다. 그래서 제 채널은 수익이 발생하더라도 대부분 저작인접권자에게 돌아가고 있습니다. 용돈이라고 하기에도 민망할 수준이라 다들 놀라면서 수익도 나지 않는 채널을 꾸준히 유지하는 이유를 물어봅니다. 그럴때면 항상 이렇게 대답합니다. 영상을 만드는 과정이 나한테는 무엇과도 바꿀 수 없는 행복이라고 말이죠.

저는 클래식을 전공했습니다만 현재 클래식이 아닌 다른 음악 장르에서 활동하며 관객을 만나고 있습니다. 당연히 전공을 살리지 못한 아쉬움, 그러니까 클래식에 대한 갈증과 결핍이 있습니다. 관객으로부터 박수를 받지만, 이 박수가 그 박수가 아닌 느낌이랄까요?

이러한 갈증을 〈클래식 읽어주는 남자〉 채널 운영으로 해소하고 있는 거죠. 클래식 이야기를 근사하게 정리해 녹음하고 음악과 함께 영상을 만드는 하나하나의 과정이 저에겐 작은 성취입니다. 이 작은 성취가 모여 영상이 완성되고, 이는 곧 하나의 커다란 성취감이 되어 저에게 돌아옵니다.

이뿐일까요. 덕분에 작가가 되었고, 강연자가 되었고, 라디오 프로그램 코너의 고정 진행자가 되었습니다. 모두 하고 싶었던 일이고, 하고 싶은 일을 하게 되어 저는 참 행복합니다. 수익을 떠나 〈클래식 읽어주는 남자〉 채널을 계속 유지할 수 있는 이유, 이 채널이 저에게 행복인 이유가 바로 이것입니다.

가장 행복한 시기에 작곡된 음악이 있다면 어떤 느낌일까요? 북구의 쇼팽이라 불리며 북유럽 음악을 대표하는 민족주의 작곡가, 에드바르 그리그 Edvard Grieg, 1843-1907와 그의 유일한 협주곡인 피아노 협주곡에 담긴 이야기입니다.

그리그는 1843년 노르웨이의 베르겐에서 태어났습니다. 눈 덮인 침엽수림과 빙하가 만든 거대한 피오르가 펼쳐지고 여름엔 해가 지지 않는 백야를, 겨울엔 신비로운 오로라를 경험할 수 있는 북유럽의 나라. 굳이 노르웨이를 구체적으로 설명한 이유는 그리그가 노르웨이의 풍경을 음악에 녹여냈기 때문입니다. 대표작 〈서정 소품집〉, 〈페르귄트 모음곡〉, 피아노 협주곡에 이러한 노르웨이의 자연과 민속 선율, 신화 이야기가 가득 담겨 있죠.

특히 시선을 끄는 작품은 피아노 협주곡입니다. 그리그는 앞선 시대의 작곡가 쇼팽을 몹시 존경해서 그를 따라 아기자기한 피아노 소품곡 위주의 작곡 활동을 주로 했는데요. 그런 그가 대규모 관현악 편성인 피아노 협주곡을 작곡한다는 건 활동 방향을 완전히 틀어버릴 정도의 큰 도전이었습니다. 이는 그리그가 행복한 나날을 보내던 시기였기에 가능한 일이었죠.

그리그는 니나 하게루프와 사랑에 빠졌습니다. 그녀는 덴마크의 명성 있는 소프라노였는데요. 둘은 급속도로 가까워지고 이내 결혼을 약속하게 됩니다. 하지만 아주 큰 걸림돌이 하나 있었죠. 바로 하게루프가 그리그의 두 살 어린 외종사촌이라는 사실입니다. 하게루프의 부모님은 결혼을 결사반대합니다. 하게루프의 일거수일투족을 감시하며 그리그와의 만남을 제지했죠. 하지만 반대가 심할수록 둘의 사랑은 더욱 깊어졌습니다.

둘은 끈질기게 설득하여 마침내 결혼 승낙을 받아냅니다. 그리고 1867년 6월 결혼식을 올렸죠. 그리그는 행복한 신혼 생활과 함께 인생 2막을 열게 됩니다.

음악적으로는 어땠을까요? 크리스티아니아(현재의 오슬로)에서 개최한 공연이 큰 성공을 거두고, 시립관현악단의 지휘자 자리를 꿰차게 됩니다. 또 노르웨이 음악 아카데미를 설립하는 등 커리어를 탄탄하게 다지며 그야말로 인생의 황금기를 보냈죠. 그러던 중 덴마크 코펜하겐 근교 휴양지에서 휴식을 취하다가 문득, 그에게 찾아온 이 충만한 행복을 음악으로 표현해야겠다고 결심합니다. 그동안 작곡하지 않았던 큰 규모의 곡으로 말이죠. 스물다섯 젊은 청춘의 패기로 노르웨이 선율을 집대성하며 그는 한 달 만에 피아노 협주곡을 작곡했습니다. 스스로가 뛰어난 피아니스트인 자신의 연주 실력을 마음껏 뽐낼 수 있게 작곡하는 것도 잊지 않았죠.

빙하가 쩍하고 갈라지듯 시작되는 유명한 1악장, 고요하고 평화로운 북유럽의 자연을 담은 2악장, 노르웨이 전통 춤곡 리듬을 사용해 경쾌한 에너지가 가득한 3악장까지. 그리그의 피아노 협주곡은 대중과 동료 음악가들의 극찬을 받으며 대성공을 거둡니다. 당대 위대한 작곡가인 리스트 역시 "이것이야말로 스칸디나비아의 혼이다!"라며 찬사를 보냈죠.

대성공을 거두었지만 그리그는 이에 만족하지 않고 평생에 걸쳐 총 일곱 번의 개정 작업을 진행했습니다. 큰 틀은 그대로 두고 조금씩 수정한 것인데요. 피아노 협주곡 악보의 초판본과 마지막 개정판을 비교해보면 무려 300여 부분이 미세하게 달라졌다고 하니, 그리그가 얼마나 섬세한 성격의 소유자였는지 엿볼 수 있습니다. 오늘날 우리가 듣고 있는 마지막 개정판은 그리그가 세상을 떠난 해인 1907년 완성되었습니다. 그러니까 이 작품은 패기 넘치는 청년 그리그와 성숙한 노년에 접어든 그리그 모두가 담겨 있는 것이죠.

인생에서 가장 행복했던 시절 작곡된 이 피아노 협주곡을 통해 그리그는 인정받는 작곡가의 반열에 올랐습니다. 여러분은 지금 행복한 시절을 보내고 있나요? 그리그와 리스트가 만났던 날, 리스트가 그리그를 응원하며 건넨 말로 글을 맺으며 저 또한 여러분의 행복한 하루하루를 응원하겠습니다.

확신을 가지고 자신의 능력을 믿으며

그 어떤 것도 두려워하지 말게!

- 리스트

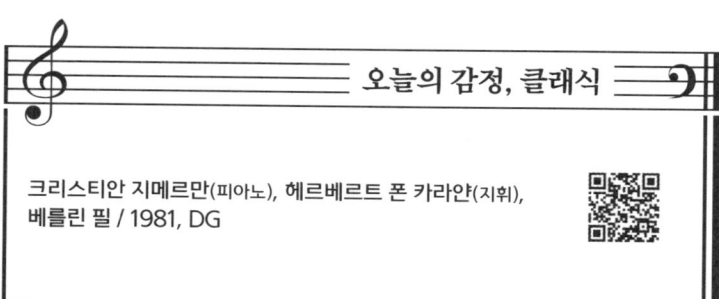

오늘의 감정, 클래식

크리스티안 지메르만(피아노), 헤르베르트 폰 카라얀(지휘),
베를린 필 / 1981, DG

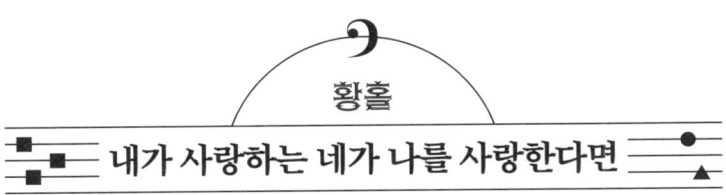

황홀

내가 사랑하는 네가 나를 사랑한다면

도니체티, 오페라 〈사랑의 묘약〉 중 '남몰래 흐르는 눈물'
Gaetano Donizetti, Opera 〈L'elisir d'amore〉 'Una furtiva lagrima'

살면서 단 한 번이라도 '황홀하다'라고 말해본 적, 혹은 그런 기분을 느껴본 적 있나요? 이 감정은 행복과 비슷하지만 그보단 조금 더 특별합니다. 매일매일 행복을 느끼며 살아갈 수 있지만 매일매일 황홀을 느끼며 살아가기란 쉽지 않으니까요. 이 지속될 수 없는, 생각지도 못한 순간에 불현듯 찾아오는 찰나의 감정이란 점이 '황홀'을 더 특별하게 만들어 줍니다.

쉽게 마주할 수 없는 이 감정을 아주 선명하게 경험한 적이 있습니다. 2018년 제가 활동하는 아카펠라 그룹 나린이 미국 아칸소주에서 열리는 '보이스 잼' 행사에 초청되었을 때입니다. 일주일에 걸쳐 진행되는 다섯 번의 스쿨투어 공연과 한 번의 피날레 공연, 특히 중고등학생들과 함께했던 스쿨투어 공연에서 말로만 듣던 K-POP의 저력을 두 눈으로 확인할 수 있었죠(한국어로 된 방탄소년단 노래를 떼창하는 미국 학생들이라니요!). 일정의 대미를 장식한 것은 마지막 날 진행된 보이스 잼 피날레 공연이었습니다. 아칸소주 내에 위치한 웰턴 아트 센터 무대에서 진행되었는데요. 1,200여 석 규모의 대형 공연장에서 〈아리랑〉을 부르며 '한(恨)'의 정서를 소개하고, 방탄소년단의 노래를 부르며 관객과 함께 호흡하는 뜻깊은 시간이었습니다.

공연의 마지막 곡은 미국은 물론 우리나라에서도 유명한 올드 팝송 벤 E. 킹의 〈스탠 바이 미Stand by Me〉. 그해 2월에 있었던 고교 총기 난사 사건■에 대한 추모 분위기로 투어 내내 가장 반응이 많았던 곡이었습니다.

No matter who you are, no matter where you go in your life

At some point you're going to need somebody to stand by you.

당신이 누구든, 당신 인생에서 어디를 가더라도

어떤 순간에는 옆에 있어줄 누군가가 필요할 거예요.

- 〈Stand by Me〉 가사 중

■ 2018년 2월 14일 플로리다 파크랜드에 위치한 마조리 스톤맨 더글러스 고등학교(Marjory Stoneman Douglas High School)에서 발생하여 총 17명이 사망한 총기 난사 사건.

관객들은 이 노래를 함께 부르고 눈물을 지으며 밤하늘의 별처럼 핸드폰 불빛을 흔들어 아름다운 장면을 만들어 주었습니다.

그렇게 마지막 곡이 끝나고 인사를 하려는 순간, 제 인생에서 가장 황홀한 장면이 펼쳐졌습니다. 객석을 가득 채운 관객들이 하나둘 일어나 기립 박수를 보내준 거예요. 우레와 같은 박수와 함성 소리가 2층 객석의 가장 끝부터 밀려와 무대를 덮치는 느낌이었습니다. 그간 수많은 피날레와 커튼콜에서 박수를 받아왔지만 온몸에 전율이 일던 피날레는 처음이었습니다. 4년이 지난 지금까지도 그때의 기억은 아주 선명하게 남아있어요.

'황홀'은 '희(기쁨)'에서 다룰 수 있는 절정의 감정이 아닐까 싶습니다. 워낙 강렬하다 보니 특별한 경험이 아니고서야 쉽게 느낄 수 없는 감정이죠. 하지만 누구에게나 황홀함을 느낄 만한 순간은 있습니다. 이제 막 사랑이 피어오르려는 때, 내가 사랑하는 사람도 나를 사랑하고 있음을 느낀 순간의 그 황홀한 기억을 떠올리며 들어보세요. 가에타노 도니체티Gaetano Donizetti, 1797-1848 의 오페라 〈사랑의 묘약〉 중 '남몰래 흐르는 눈물'입니다.

로시니로 시작해 도니체티와 벨리니, 베르디, 푸치니로 이어지는 이탈리아 낭만주의 오페라의 계보. 그중 도니체티는 〈람메

르무어의 루치아〉,〈사랑의 묘약〉 등의 벨칸토■ 오페라를 작곡하며 로시니와 베르디를 연결하는 다리 역할을 한 작곡가입니다. 그중 〈사랑의 묘약〉은 도니체티를 대표하는 희극 오페라로 우리나라에서도 많이 공연되는 곡이죠. 작곡 속도가 굉장히 빨랐던 도니체티가 단 2주 만에 완성한 작품입니다.

〈사랑의 묘약〉은 어리숙한 시골 농부 네모리노가 지주의 딸 아디나를 짝사랑하며 벌어지는 여러 에피소드를 그리고 있습니다. 마을 청년들의 사랑을 한 몸에 받는 콧대 높은 아디나와 그녀의 마음을 얻기 위해 군대에 들어가려는 네모리노, 그런 네모리노의 마음을 이용해 포도주를 '사랑의 묘약'이라 속여 파는 약장수 둘카마라, 아디나를 좋아하는 인기 많은 군인 벨코레가 등장해 평화로운 시골 마을에 한바탕 소동이 일어난다는 내용입니다.

'남몰래 흐르는 눈물'은 이 오페라를 대표하는 아리아입니다. 가짜 묘약에 속고 자신의 마음을 얻기 위해 군 입대까지 불사한 네모리노의 진심을 알게 된 아디나는 눈물을 흘리는데요. 멀리서 이 모습을 지켜본 네모리노가 이제 그녀도 자신을 사랑하게 되었음을 확신하며 부르는 노래입니다. 애절한 선율이 돋보여서 자칫 슬픈 이별 노래로 착각하기 쉽지만 그녀가 나를 사랑

■ 18세기에 확립된 이탈리아의 가창 기법이자 19세기 오페라에 사용된 기교적 창법. '아름다운(Bel)+노래(Canto)'라는 뜻으로 극적인 표현이나 낭만적인 서정보다 아름다운 소리, 부드러운 가락, 훌륭한 연주 효과에 중점을 두었기에 치밀한 성량 조절, 화려한 기교가 중시되었다. 대표적인 벨칸토 오페라 작곡가로는 로시니와 벨리니, 도니체티가 있다.

하니 더 이상 무엇을 바라겠냐는, 그녀의 사랑을 얻었으니 이제 죽을 수도 있다는 황홀함에 가득 차 부르는 노래입니다. 대본가 펠리체 로마니가 극의 분위기와 어울리지 않는다며 빼자고 제안했지만, 확신을 가지고 그대로 발표한 도니체티의 감각을 엿볼 수 있는 곡이죠.

행복은 지나고 나서야 그것이 행복이었음을 깨닫는 경우가 많다고 합니다. 하지만 황홀은 그렇지 않죠. 어느 순간 황홀함이 느껴진다면 그 순간을 마음껏 만끽하길 바랍니다. 다시 돌아오지 않을 찰나의 순간이니까요.

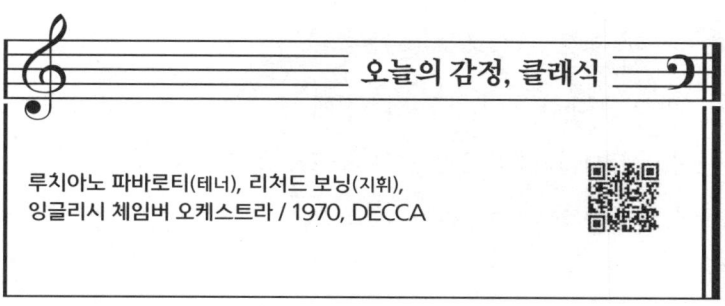

오늘의 감정, 클래식

루치아노 파바로티(테너), 리처드 보닝(지휘), 잉글리시 체임버 오케스트라 / 1970, DECCA

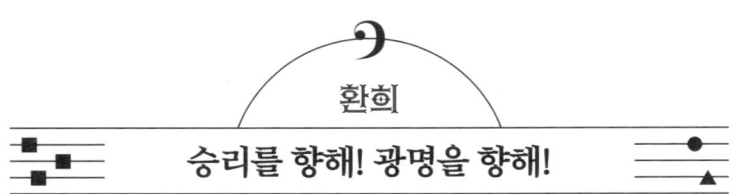

베토벤, 교향곡 5번 다단조 Op.67 〈운명〉
Ludwig van Beethoven, Symphony No.5 in c minor Op.67

'환희'에 대한 이야기를 하기 전에 '운명'에 대해 말해보려 합니다. 운명에 대한 의견은 크게 두 가지로 나뉩니다. 첫 번째는 '세상의 이치는 모두 정해져 있고, 인간의 힘으로 그것을 통제할 수 없다'라고 생각하는 운명론이고, 두 번째는 '운명은 인간의 의지로 통제하고 개척할 수 있다'라고 생각하는 자유의지론입니다.

'운명'이냐 '자유의지'냐와 같은 철학적인 논쟁을 위해 화두를 꺼낸 것은 아닙니다. 실제 어느 한쪽에 극단적으로 치우쳐 살아가는 사람은 거의 없으니까요. 저도 이 두 가지 의견을 모두 받아들이며 살아가고 있습니다. 어떤 일의 결과가 나타나기 전까지는 자유의지를, 결과가 나타난 이후에는 운명을 믿으면서 말이죠.

예를 들어볼까요? 지금 저는 최선을 다해 책을 쓰고 있습니다. 감정과 잘 어울리는 이야기와 음악을 고민하고, 이를 전달할 꼭 맞는 문장을 찾기 위해 수정에 수정을 거듭하면서 말이죠. 이 과정은 얼마든지 제 의지로 통제가 가능한 부분입니다. 하지만 책이 제 손을 떠난 이후, 그러니까 책이 출간되어 서점에 놓이고 책을 구매한 여러분이 읽으면서 느낄 감정과 생각은 제가 통제할 수 없는 영역이죠. 저는 이를 운명의 영역으로 남겨두고 그 운명을 담담하게 받아들이려 합니다(문득 궁금하네요. 이 책과 제 운명은 어떻게 될지!).

물론 누군가는 조금 더 운명의 영역에서 삶을 바라볼 것이고, 다른 누군가는 강력한 자유의지를 주창하며 살아갈 겁니다. 하지만 세상 모든 일이 그렇듯 정답은 없습니다. 우리는 모두 자기만의 가치관으로 각자의 우주를 만들며 살아가는 존재니까요. 다만 한 가지 확신할 수 있는 것은 가슴 벅찬 환희의 감정을 느끼기 위해서는 그 과정에 반드시 나의 자유의지가 개입되어야 한다는 것입니다. 모든 일을 운명에 던져놓은 채 맞이한 결과는 결코 나에게 '환희'라는 극적인 감정을 선사할 수 없기 때문이죠. '운명'과 '환희', 바로 떠오르는 작곡가가 한 명 있네요. 베토벤Ludwig van Beethoven, 1770-1827과 함께 가슴 벅찬 환희의 순간으로 나아가보겠습니다.

베토벤만큼 가혹한 운명 속에서 살아간 작곡가가 또 있을까요? 알코올 중독자에 폭력적인 아버지, 그 밑에서 시작된 혹독한 음악 교육, 이른 나이에 경험한 어머니의 죽음과 음악가에겐 사형선고와도 같은 청력 상실까지. 베토벤의 삶은 자신을 집어삼키려는 수많은 운명과의 투쟁, 그 자체였습니다.

베토벤의 삶을 '투쟁'이라 표현한 이유는 그가 운명에 굴하지 않고 자신의 의지로 운명을 개척했기 때문입니다. 아버지의 폭력도, 어머니의 죽음도, 청력 상실도 그를 막을 순 없었습니다. 특히 청력이 점점 나빠지던 시기 요양차 떠난 오스트리아의 하일리겐슈타트에서 쓴 유서를 보면 운명을 당당하게 마주하기로 한 그의 강한 의지를 느낄 수 있습니다.

> 나를 붙드는 것은 오직 예술뿐이었다. (중략) 자, 되었다. 나는 기꺼이 죽음 앞으로 나아간다. 나의 예술적 가능성을 펼쳐 보이기 전 죽음이 찾아온다면, 그것은 죽음이 너무 일찍 찾아오는 것이다. 하지만 죽음이 일찍 다가오더라도 나는 행복할 것이다. 죽음은 나를 이 끝없는 고통에서 해방시켜줄 테니까. 죽음이여, 언제든 오라. 나는 당당히 앞에서 너를 맞으리라.
>
> - 루트비히 판 베토벤(1802년, 하일리겐슈타트에서)

자신이 창작하고자 하는 것들을 이루기 전까지 운명에 굴복하지 않겠다는 의지, 설령 그것이 죽음일지라도 피하지 않고 맞서겠다는 의지였죠. 1802년 누구보다 가혹한 운명이 들이닥친 베토벤의 삶에는 역설적으로 누구보다 강력한 삶의 의지가 가득 차 있었습니다.

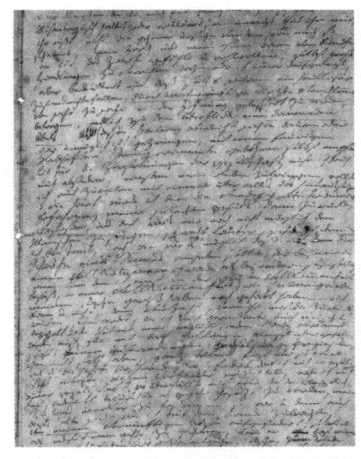

하일리겐슈타트 유서의 첫 페이지. 하일리겐슈타트에서 요양 중이던 베토벤이 두 동생에게 보낸 편지(유서).

이러한 베토벤의 운명에 대한 의지가 가장 잘 담겨 있는 작품이 교향곡 5번 〈운명〉입니다. 베토벤은 총 4악장으로 구성된 이 30여 분의 교향곡에 '고난에서 승리로, 암흑에서 광명으로'라는 자신의 신념을 담아냈습니다. 이 곡의 시작을 알리는 '운명의 동기'▪는 그 어떤 도입부보다 갑작스럽고 강렬합니다. 마치 언제나 예고 없이 찾아오는 우리의 운명처럼요.

곡은 2악장과 3악장을 거치며 운명에 맞서는 인간상을 그려갑니다. 가혹한 운명 속에서 숨은 희망을 찾아내기도 하고(2악장), 나의 운명을 끊임없이 의심하기도 하면서 말이죠(3악장). 이는 청력 상실이라는 가혹한 운명을 맞닥뜨린 베토벤의 삶과도 닮아있습니다. 이렇게 다양한 모습으로 등장하는 운명에

▪ 일명 '운명의 노크 소리'. 여기서 '동기(Motive)'란 음악에서 선율을 구성하는 가장 작은 단위의 연속된 음을 일컫는다.

베토벤의 삶은 자신을 찾아온 불행한 운명에 대한 투쟁의 연속이었다.

대해 과연 베토벤은 어떤 답을 내놓았을까요? 다행히 베토벤의 답은 아주 명쾌했습니다. 4악장이 시작되는 바로 그 순간부터 말이죠.

일반적인 교향곡에서 악장과 악장 사이에는 연주자들이 쉬어가며 숨을 고르는 '휴지부'가 존재합니다. 하지만 〈운명〉 교향곡은 3악장과 4악장 사이에 휴지부가 없습니다. 의심으로 가득했던 3악장의 마지막은 팀파니와 현악기에 의해 아주 여리게 진행됩니다. 음악은 마치 정체를 알 수 없는 무언가가 다가오듯 크레센도Crescendo(점점 세게)되는데요. 쉬지 않고 이어지는 4악장의 도입부에서 마침내 그 정체가 밝혀집니다. 가혹한 운명에 대한 베토벤의 명쾌한 해답, 결국 운명으로부터 승리하는 인간의 모습, 운명과의 처절한 싸움 끝에 들려오는 웅장한 승리의 테마. 〈운명〉 교향곡을 통해 베토벤이 전하고자 한 '고난에서 승리로, 암흑에서 광명으로'가 완성됩니다.

〈운명〉 교향곡은 1악장의 도입부로 무척 유명합니다. 하지만 1악장만 들어서는 결코 이 전율을 느낄 수 없습니다. 1, 2, 3악장을 들으며 쌓인 감정의 응어리들이 4악장이 시작됨과 동시에 해소되는 카타르시스를 느낄 때 우리는 비로소 베토벤의 의도를 이해할 수 있습니다.

암흑을 보지 못한 자는 광명을 볼 수 없고, 고난을 겪어보지 않은 자는 승리의 환희를 느낄 수 없습니다. 지금 여러분이 어두운 운명에 갇혀있다고 생각되나요? 모든 걸 운명에 맡겨버린 채 포기하고 싶은가요? 운명에 맡겨버린다는 것은 곧 환희를 느낄 기회 자체를 날려버린다는 것입니다. 자유의지와 함께 앞으로 나아가길 바랍니다. 그 끝에 가슴 벅찬 승리의 환희가 기다리고 있을 테니까요. 베토벤 5번 교향곡처럼 말입니다.

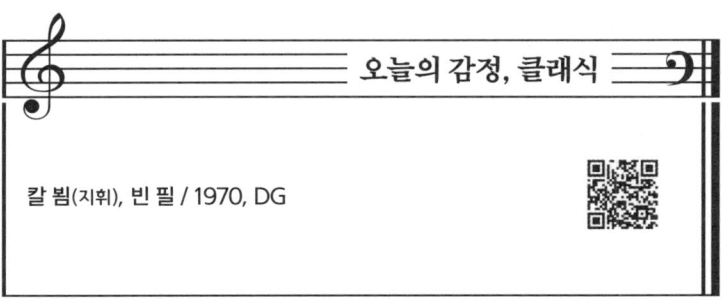

오늘의 감정, 클래식

칼 뵘(지휘), 빈 필 / 1970, DG

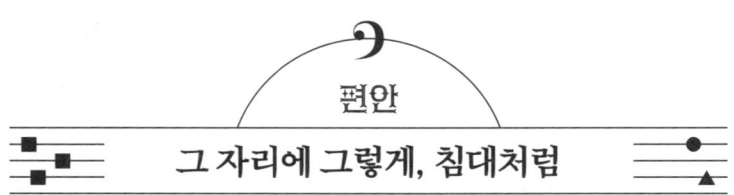

편안

그 자리에 그렇게, 침대처럼

사티, 〈3개의 짐노페디〉
Eric Satie, 〈Trois Gymnopedies〉

2022년 8월, 결국 확진자가 되고 말았습니다. 가족과 친구들은 물론 심지어 매일 모여 얼굴을 맞대고 노래를 부르는 팀 동료들의 코로나 확진 소식에도 늘 음성 판정을 받았던 저도 이 유행을 피할 수는 없었습니다. 앞서 확진 판정을 받았던 지인들의 말마따나 아침부터 목이 '쎄하다' 싶었는데, 결국 선명한 두 줄을 보게 되었습니다. 그날 오후, 선별 진료소에서 검사받고 집으로 돌아와 격리를 준비했습니다. 평상시 뭔가를 하지 않으면 불안한 성격인 저의 머릿속엔 온통 '일주일의 격리 기간을 절대 허투루 보내면 안 된다'는 생각뿐이었습니다. 원고와 밀린 업무 처리를 위해 노트북을, '확찐자(?)'가 될 순 없으니 운동 기구를, 거기에 바쁘다는 이유로 미뤄둔 책까지, 피난길에 오른 사람마냥 바리바리 챙겨 방으로 들어와 문을 닫았습니다. 그렇게 슬기로운 격리 생활이 계획대로 되는가 싶었죠.

아무 이유 없이 평소와 다른 생각이 들었던 경험이 있나요? 이날의 제가 딱 그랬습니다. 거창한 준비 과정이 무색하게 막상 방에 들어오니 '그냥 쉴까?'라는 생각이 들더라고요. 목이 칼칼한 것 외에 다른 증상이 있던 것도 아닌데 말이죠. 일주일을 온전히 '휴식'에만 집중한다는 것은 저에게 꽤나 큰 모험이었습니다. 뭔가를 해야 한다는 강박, 쉬는 동안 남들은 열심히 달려가고 있을 거란 불안에 정면으로 맞서는 일이었죠.

이런 저에게 코로나바이러스는 좋은 핑곗거리가 되어주었습니다. 어차피 이렇게 된 거, 이번 기회에 한 템포 쉬어가라는 뜻으로 생각하니 마음도 한결 가벼워지더라고요. 그렇게 침대에 몸을 누이니 묘한 생각이 들었습니다. 그간 여기저기 존재감을 드러내며 살아왔으니 일주일 정도는 세상에서 사라진 듯 살아봐도 나쁘지 않겠다는 그런 생각 말이죠. 뭐랄까, 그 자리에 있으면서도 없는 듯한 침대처럼, 분명 존재하지만 신경 쓰지 않으면 존재하지 않는 것 같은 책상처럼, 그냥 그 자리에 늘 서 있는 옷장처럼요. 에릭 사티Erik Satie, 1866-1925의 '가구 음악'이 떠오르는 순간이었습니다.

에릭 사티는 프랑스 노르망디 지역의 항구도시 옹플뢰르에서 태어나 19세기 말부터 20세기 초까지 활동했던 작곡가이자 피아니스트입니다. 당시 유럽 음악계에선 두 가지 음악 사조가 유행했는데요. 대규모 관현악 편성을 바탕으로 웅장한 음악을 지향했던 후기 낭만주의 음악과 추상적인 소재를 모호하고 암시적으로 표현하는 인상주의 음악이었습니다. 이 두 음악 사조는 사티의 생각과는 맞지 않았습니다. 그는 음악이라면 겉으로 보이는 화려함을 모두 '벗어던지고' 간결하고 단순명료하게 진행되어야 한다고 생각했죠. 간결함과 단순함이 극에 달하면 공간에 음악이 없는 것처럼 느껴지기까지 합니다. 마치 늘 그 자리에 있어 있는 줄 모르고 사는 집안의 '가구'처럼 말이죠.

이런 사티의 스타일을 명확하게 보여주는 작품이 바로 〈3개의 짐노페디〉입니다. '짐노페디Gymnopédie'는 고대 그리스의 종교 축제에서 소년들이 옷을 '벗어던지고' 나체로 춤을 추며 신전을 돌던 무도 의식을 가리키는 말이었습니다. 한여름 뙤약볕을 견디며 아폴론 신에게 경배를 드리는, 말 그대로 환희와 고통이 공존하는 의식이었죠. 사티는 이 단어의 의미를 잘 알고 있었나 봅니다. 군 제대 후 일하게 된 카바레에서 가진 것 없고 유명하지도 않은 자신을 '짐노페디스트'라 소개했다는 일화도 있으니까요. 당시의 '카바레'는 작은 선술집으로 예술가들이 모여 시와 연극, 음악, 미술 등의 이야기를 마음껏 나눌 수 있는 일종의 아지트와 같은 공간이었습니다. 사티가 피아니스트로 일하던 곳의 이름은 '검은 고양이Le Chat Noir'로 드뷔시 같은 음악가는 물론 피카소, 장콕토, 디아길레프 등 당대 유명한 예술인들이 즐겨 찾는 곳이었

죠. 이곳에서 사티는 예술가들과 교류를 나누었고 이러한 교류
는 자연스럽게 그의 음악에 영향을 미쳤습니다.

이 시기에 작곡된 〈3개의 짐노페디〉는 플로베르의 소설 《살
람보Salammbô》를 읽고 영감을 받아 작곡되었습니다. 2~3분대의 짧
은 세 곡으로 구성된 이 작품은 1번 곡부터 각각 '느리고 고통스
럽게Lent et Douloureux', '느리고 슬프게Lent et Triste', '느리고 장중
하게Lent et Grave'라는 지시어가 달려있죠. 지시어는 다르지만, 세
곡 모두 3/4박자로 왼손은 느린 템포의 화음, 오른손은 단조로운
멜로디를 연주한다는 공통점이 있습니다. 시작부터 끝까지 내내
같은 뉘앙스로 흘러갑니다. 세 곡을 연달아 들을 때 곡의 시작과
끝이 명확하게 구분되지 않는 이유가 바로 이것이죠.
사티의 음악에서는 웅장하고 화려한 선율의 향연이나 구조적
으로 쌓아 올려진 복잡한 음형이 한 번에 해소되는 카타르시스
를 기대할 순 없습니다. 그는 꼭 필요한 최소한의 음표만 사용해
작곡했으니까요. 그의 삶을 보는 듯 이 곡은 간결하다 못해 무
심하다고까지 느껴질 정도로 덤덤하게 진행됩니다. 후기 낭만주
의와 인상주의 음악에 익숙한 대중은 사티의 간결한 음악을 이
해하지 못했고, 그에게 '음악 공부를 하지 않은 작곡가'라는 등
의 혹평을 쏟아냈죠. 하지만 사티는 덤덤하게 자신의 길을 걸어
갔습니다. 벌거벗은 짐노페디 축제처럼 꾸밈없이 순수한 모습
으로 말이죠.

시대를 앞서간 이단아 사티는 1925년 쓸쓸하게 세상을 떠났습니다. 누구도 주목하지 않았던 그의 음악은 그가 세상을 떠난 뒤 빠르게 잊혔죠. 그의 음악이 다시 세상의 빛을 본 것은 그로부터 38년 뒤인 1963년, 프랑스의 영화감독 루이 말이 영화 〈도깨비불〉에서 사티의 음악을 사용하면서부터였습니다. 사람들은 단순하고도 독특한 이 음악에 매료되었고, 이후 영화나 광고 등 수많은 미디어에서 사티의 음악이 사용되며 지금까지 사랑을 받고 있습니다(우리나라에서 짐노페디는 침대 광고 음악으로 익숙하죠).

사람은 어떠한 방법으로든 존재감을 드러내며 살아갑니다. 그 과정에서 일어나는 갈등과 충돌, 이로 인한 피로감은 현대인이라면 필연적으로 느낄 수밖에 없는 감정입니다. 바로 이 순간, 오히려 존재감을 드러내지 않는 사티의 음악이 우리에게 편안한 휴식을 선물합니다. 마음이 지쳤다면 침대에 누워 사티의 음악을 들어보세요. 어느 순간 음악은 들리지 않고 침대와 한 몸이 되어 편안하게 휴식을 즐기는 자신을 보게 될 겁니다.

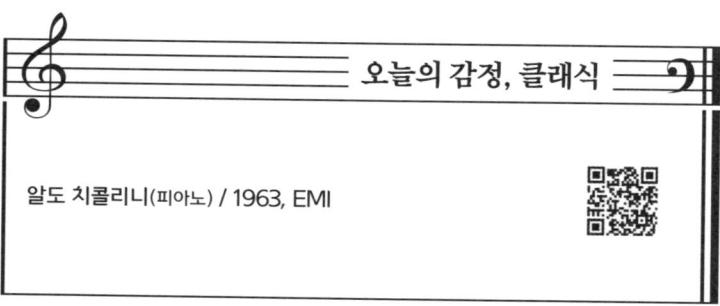

오늘의 감정, 클래식

알도 치콜리니(피아노) / 1963, EMI

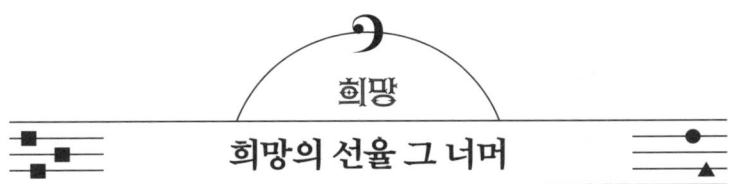

희망

희망의 선율 그 너머

슈트라우스 2세, 〈아름답고 푸른 도나우〉 Op.314
Johann Strauss II, 〈An der schönen blauen Donau, Walzer〉 Op.314

    새해, 새 학기, 새 직장, 새출발, 새 사업…. 새로운 시작을 앞둔 순간, 우리는 언제나 '희망'을 이야기합니다. 내일은 더 행복하고 더 건강하고 더 잘될 거란 희망은 힘든 오늘을 묵묵히 버틸 수 있게 해주고, 시련을 기꺼이 감내할 수 있게 해주죠. 인간은 내일에 대한 희망이 있기에 살아갈 수 있는 존재입니다. 내일에 대한 희망이 절망으로 바뀌는 순간 우리는 삶에 대한 의지를 잃어버리게 되죠.

    그런데 희망적인 내일에는 언제나 조건이 따라붙습니다. 오늘 아무것도 하지 않은 이에게 내일의 희망은 찾아오는 법이 없으니까요. 그러니까 나의 내일이 희망적이길 바란다면, 반드시 오늘의 나는 '춤'을 추어야 합니다.

제대로 된 고등 교육에는 춤이 반드시 포함되어야 한다. 발을 가지고 춤을 추는 것, 아이디어를 가지고 춤을 추는 것, 단어를 가지고 춤을 추는 것, 그리고 더하자면 펜을 가지고 춤을 추는 것.

- 니체《우상의 황혼》중

니체는 우리에게 '춤'을 추라고 했습니다. 발을 가지고 추는 춤뿐만 아니라 아이디어든, 단어든, 펜이든 그 무엇이든 그걸 가지고 경쾌하게 춤을 추라고요. 저는 오늘 키보드 위에서 경쾌한 춤을 추었습니다. 이 책이 많은 사랑을 받을 거란 '희망'이 있으니 저는 오늘 누구보다 몰입해 춤을 출 수 있었습니다. 장담컨대 춤을 추듯 글을 써 내려갔던 오늘 하루의 몰입도는 주어진 일을 그저 노동으로만 바라봤던 지난날들보다 몇 곱절은 높았을 겁니다.

춤을 추며 몰입한 지금, 춤추기 좋은 음악이 나올 타이밍이네요. 희망의 메시지까지 더해지면 금상첨화겠죠. '쿵 짝짝 쿵 짝짝' 경쾌한 3박자 왈츠 선율에 희망을 담았던 작곡가 요한 슈트라우스 2세Johann Strauss II, 1825-1899의 〈아름답고 푸른 도나우〉입니다.

두 남녀가 서로를 껴안고 동그란 원을 그리며 춤을 춥니다. 흐르는 음악은 4박자의 안정감 대신 3박자의 자유로움과 역동성이 느껴지는, 19세기 빈을 중심으로 유럽 사교계를 완전히 장악한 장르. 바로 '왈츠'입니다.

요한 슈트라우스 2세는 이 왈츠의 중심에 서 있던 작곡가입니다. 그는 춤을 추기 위한 일종의 배경음악이던 왈츠를 하나의 장르이자 감상을 위한 예술 음악으로 재탄생시켰습니다. 〈아름답고 푸른 도나우〉, 〈봄의 소리〉, 〈빈 숲속의 이야기〉, 〈남국의 장미〉 등 그가 남긴 많은 왈츠는 빈을 넘어 유럽 전역으로 뻗어 나가며 왈츠

요한 슈트라우스 2세. 다양한 왈츠를 통해 빈 왈츠의 황금기를 이끌었다.

의 매력을 널리 알렸죠. 특히 〈아름답고 푸른 도나우〉는 그의 대표 왈츠로 꼽힙니다. 빈 왈츠 특유의 쾌활함과 아름다운 선율이 넘치는 데다 곡의 탄생 배경에 '희망'이 우뚝 서 있기까지 하죠.

1866년 프로이센과의 전쟁에서 단 7주 만에 무기력하게 패한 오스트리아에서 국민들의 사기는 그야말로 밑바닥까지 떨어졌습니다. 폐허로 변한 모습에 음악과 춤으로 대표되는 빈 특유의 밝은 분위기는 사라지고, 오직 우울과 상실만이 남아 도시를 지배하고 있었죠. 빈 남성 합창단의 지휘자 요한 폰 헤르벡은 어떻게 해야 빈에 다시 즐거운 음악이 흐를 수 있을지 고민합니다. 그러다 문득 요한 슈트라우스 2세를 떠올리게 되죠.

그는 곧장 슈트라우스 2세를 찾아가 국민의 사기를 드높일 밝

고 쾌활한 합창곡을 작곡해달라 제안합니다. 눈앞에서 전쟁을 겪은 슈트라우스 역시 헤르벡의 뜻에 깊이 공감했죠. 마침 그는 전에 읽었던 한 무명 시인의 시 한 구절에서 영감을 얻어 새로운 작품을 작곡하기 시작했습니다.

> 나는 괴로움에 지친 그대의 모습을 보았네
> 나는 아직 젊고 향기로운 그대의 모습을 보았네
> 마치 금광 속 빛나는 황금처럼 그곳에 진실은 자라네
> 도나우의 물결 위에, 아름답고 푸른 도나우의 흐름 위에
> - 카를 벡의 시 중

1867년 2월 비록 오스트리아가 처한 현실은 우울하지만, 이곳에 흐르는 아름답고 푸른 도나우강처럼 이내 밝은 미래가 다시 찾아올 것이란 희망을 담은 〈아름답고 푸른 도나우〉의 합창 버전이 초연에 올랐습니다. 하지만 대중의 반응은 기대만큼 폭발적이지 않았죠. 이에 실망한 슈트라우스 2세는 이 곡을 오케스트라 버전으로 편곡해 발표했습니다. 그리고 같은 해 파리 만국박람회에서 〈아름답고 푸른 도나우〉의 오케스트라 버전을 초연으로 올렸습니다. 이번에는 그의 예상대로 큰 성공을 거두었습니다.

〈아름답고 푸른 도나우〉는 느린 서주와 역동적인 후주 사이 작은 규모의 왈츠 다섯 개가 흐르는 구성입니다. 도입부의 서주

는 호른의 따듯한 음색으로 부드럽게 시작되는데, 이후 규모를 키워가며 본격적인 왈츠로 넘어가죠. 익숙한 선율의 첫 번째 왈츠부터 마지막 다섯 번째 왈츠까지 서로 다른 매력을 가지고 있지만 모두 경쾌하고 명랑한 유희적 아름다움을 품고 있다는 것이 큰 특징입니다.

희망의 선율이 가득한 〈아름답고 푸른 도나우〉는 오스트리아 국민은 물론 동시대 작곡가들에게도 큰 사랑을 받았습니다. 슈만은 "바라보고 있던 사람들이 어느새 춤판에 끌려 들어가고, 연주하는 악사들도 때로는 휘파람을 불며, 모든 이가 함께 추는 왈츠. 그것이 슈트라우스 2세의 왈츠다."라며 극찬했고, 브람스 역시 슈트라우스 2세의 부인에게 주는 사인에 〈아름답고 푸른 도나우〉의 몇 마디를 직접 그린 뒤 "불행하게도 브람스의 작품이 아님"이라 남기며 높이 평가했죠.

> 춤을 추지 않고 지나간 하루는 그 하루를 제대로 살았다고 할 수 없
> 고, 웃음이 동반되지 않은 진리는 진짜 진리라고 할 수 없다.
> - 니체 《차라투스트라는 이렇게 말했다》 중

여러분은 오늘 어떤 춤을 추었나요? 혹시 춤추지 않는 하루를 보내지는 않았나요? 우리는 어떤 일에서든 춤을 출 수 있습니다. 저처럼 글을 쓰며 춤을 출 수도 있고, 반대로 글을 읽으며 춤을 출 수도 있죠. 누군가는 공부하며 누군가는 사무실에서 일을 하

며 또 다른 누군가는 물건을 나르며 춤을 출 수도 있을 겁니다. 춤추게 하는 것이 설령 돈이라도 괜찮습니다. 중요한 것은 어떤 식으로든 춤을 추지 않고 지나간 하루는 제대로 된 하루가 아니라는 것이죠. 그러니 언제나 춤을 추며 살아가길 바랍니다. 희망은 춤이 있는 곳에 찾아오는 법이니까요.

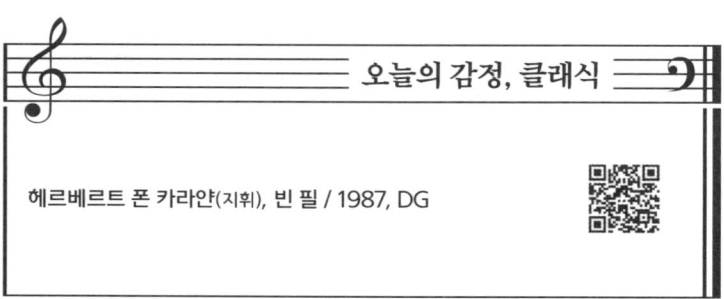

오늘의 감정, 클래식

헤르베르트 폰 카라얀(지휘), 빈 필 / 1987, DG

2부

─

노

（怒 분노）

분노

짓밟힌 조국, 울부짖는 피아노

쇼팽, 연습곡 Op.10 No.12 〈혁명〉
Frédéric Chopin, Etude Op.10 No.12 in c minor 〈Revolutionary〉

"빡친다." 몇 년 전부터 친구들과의 대화에서 많이 사용하는 단어를 꼽으라면 저는 이 단어를 꼽겠습니다. 언제부턴가 '화가 난다', '답답하다' 등의 표현을 대신해 쓰이고 있죠. 단어의 힘은 실로 대단합니다. '화가 난다'나 '답답하다'에서 느낄 수 없는 미묘한 뉘앙스를 느낄 수 있으니까요. '분노'라는 감정과 연결되는 이 단어가 흔하게 쓰이는 현실이 씁쓸하긴 하지만, 어쩌면 이 시대를 살아가는 우리를 가장 잘 나타내는 단어이지 않나 싶습니다.

요즘의 우리는 자주 분노합니다. 배려심 없는 상대방에게 혹은 이해할 수 없는 행동을 하는 누군가에게 말이죠. 나를 배려하지 않는 상대에게 긍정의 감정을 느낄 수는 없는 노릇이니까요.

우리는 학교에서, 회사에서, 도로 위에서, 하물며 집에서까지 다양한 '빡침'을 마주하며 살아가고 있습니다. 자극적인 현대사회를 산다는 것은 어쩌면 어느 정도는 빡침을 감수하며 산다는 것과 같은 의미 아닐까요?

빡침, 즉 어느 정도 '분노'하며 살아갈 수밖에 없는 세상. 분노는 다른 감정들보다 '어떻게 다스리느냐'가 중요합니다. 다스린다는 것은 다른 누군가가 아닌 나만이 할 수 있는 행동이죠. 비록 타인에 의해 촉발된 감정일지라도 분노는 철저히 내 안에서 조절해야 합니다. 내면의 분노가 타인을 향할 때 어떤 일이 벌어지는지는 뉴스만 보더라도 정확하게 알 수 있으니까요.

분노가 가득한 이 시대에 소개하고 싶은 작곡가와 작품이 있습니다. 이 작곡가의 분노는 우리보다 조금 더 묵직합니다. 타인이 아닌 타국을 향해 있거든요. 바로 낭만주의 시대를 대표하는 작곡가 프레데릭 쇼팽Frédéric Chopin, 1810-1849과 연습곡 작품번호 10번 중 12번째 곡 〈혁명〉입니다.

클래식 역사에서 한 명의 작곡가가 한 분야의 역사를 바꿔놓을 만큼 지대한 영향을 미친 사례는 다양합니다. 예컨대 가곡의 슈베르트, 발레 음악의 차이콥스키, 오페라의 베르디 혹은 바그너를 꼽을 수 있겠네요. 쇼팽도 그러합니다. 스스로가 뛰어난 피아니스트였던 그는 삶의 대부분을 피아노를 위한 작품을 작곡하는 데 바치며 피아노 음악의 비약적인 발전을 이끌었습니다.

두 개의 피아노 협주곡을 비롯해 왈츠, 녹턴, 전주곡 등 기존 장르에 새로운 가치를 부여했고 성악 분야의 전유물이었던 발라드라는 장르를 최초로 피아노에 적용했으며 조국 폴란드의 선율을 담아 폴로네즈와 마주르카를 작곡하는 등 피아노 분야에서 자신만의 독자적인 영역을 구축했죠.

피아노의 시인이라 불리는 프레데릭 쇼팽. 연습곡, 전주곡, 발라드, 녹턴 등 많은 피아노곡을 작곡하며 피아노 연주의 비약적인 발전을 이루어냈다.

특히 돋보이는 장르가 바로 연습곡입니다. 쇼팽 이전의 연습곡은 말 그대로 '연습'을 위한 곡으로 연주곡을 잘 치기 위한 테크닉을 익히기 위해 선행하는 의미였습니다. 감상을 위한 예술성은 차치하고 오로지 기계적인 반복에 목적을 두는 것이 존재 이유이자 정의였죠. 어린 시절 피아노 학원에서 쳤던 '체르니' 시리즈를 떠올려보면 되겠네요.

그러나 쇼팽은 달랐습니다. 그는 연습이라는 본래 목적에 기교와 예술성을 더해 연습곡만으로도 가치가 있는 하나의 작품으로 만들었습니다. 연습과 감상을 위한 연습곡의 시대를 열어준 것입니다. 실제 많은 연주회에서 쇼팽의 연습곡을 독자적인 레퍼토리로 연주하는데요. 쇼팽 이전 시대에서는 상상할 수도 없

쇼팽 연습곡 Op.10 No.12 〈혁명〉 도입부. 휘몰아치는 도입부에서 쇼팽의 깊은 빡침이
느껴지는 듯하다.

는 일이었습니다.

쇼팽의 연습곡은 작품번호 10번으로 묶이는 12곡과 작품번호
25번으로 묶이는 12곡, 작품번호가 부여되지 않은 나머지 3곡,
총 27곡으로 이루어졌습니다. 작품번호 10번과 작품번호 25번의
곡들에는 모두 음악에 어울리는 표제가 붙어있는데요. 〈추격〉이
나 〈흑건〉 등의 익숙한 표제는 각각 작품번호 10번의 4, 5번 곡
에 붙은 표제입니다. 다만 이러한 표제는 쇼팽이 직접 붙인 것이
아닌 후대 평론가들이 곡의 분위기에 맞춰 붙여준 별칭입니다.

쇼팽의 연습곡들은 곡마다 뚜렷한 연습 목적을 가지고 있습
니다. 연주자는 이 목적을 달성하면서 동시에 화려한 기교와 예
술적 표현에도 신경을 써야 합니다. 예컨대 Op.10-5 〈흑건〉의
경우 오른손의 민첩함과 정확한 타건을 연습하는 곡입니다. 또

지금부터 소개할 Op.10-12 〈혁명〉은 왼손의 도약과 아르페지오* 연습을 위한 곡으로 도입부부터 폭발적으로 시작되는 격정적인 표현이 돋보이는 곡이죠. 과장되지 않은, 섬세하고 부드러운 내면의 감성을 중요시했던 쇼팽의 이미지와 상반되는 분위기의 곡인데, 이는 당시 그가 처했던 상황에 기인합니다.

쇼팽이 조국을 떠난 지 얼마 지나지 않은 1831년, 폴란드에선 지배국 러시아에 대항하는 혁명이 일어났습니다. 쇼팽은 혁명에 동참할 것을 고민했으나 "조국을 위해 음악을 열심히 하는 것 역시 애국이다."라는 아버지의 만류로 귀국하지 않고 음악 활동에 전념합니다. 그사이 러시아는 폴란드 국민을 무자비하게 진압하며 수도 바르샤바를 점령한 후 강제로 혁명을 종결시켰죠.

> 하느님 어디 계십니까! 당신은 존재하면서 복수해주지 않으십니까! 러시아의 만행이 아직도 충분하지 않으십니까?
> 오, 하느님 당신은 러시아인입니까?
> - 슈투트가르트 일기 중

이 소식을 들은 쇼팽은 참을 수 없는 분노와 비통함을 느낍니다. 그리고 끓어오르는 감정을 곡에 담아 표현했는데 이것이 바

■ arpeggio. '하프를 타다'를 뜻하는 이탈리아어 'arpeggiare'에서 유래된 음악 용어로 화음을 구성하는 음을 상승 혹은 하강 순으로 펼쳐서 연주하는 기법이다. 펼침화음, 분산화음이라고도 한다.

로 연습곡 〈혁명〉입니다. 곡은 '빠르고 열정적으로_{Allegro con Fuoco}'라는 지시어처럼 강렬하게 시작됩니다. 쉬지 않고 휘몰아치는 왼손의 격정적인 아르페지오, 그 위에서 펼쳐지는 오른손의 개성 있는 부점▪ 리듬과 강한 악센트, 화음은 분노에 찬 당시 쇼팽의 감정을 생생하게 전달합니다. 곡은 A-B-A의 3부 형식으로 이어지는데, 여러 번 전조를 거치며 마지막까지 밀도 높은 긴장감을 유지하죠. 쇼팽의 의도를 잘 살리려면 빠른 왼손 스케일을 놓치지 않아야 함과 동시에 오른손의 주선율까지 힘 있게 표현해야 합니다. 꽤 난도 높은 연습곡이죠.

'피아노의 시인' 쇼팽은 피아노를 통해 내면의 감정을 담고 표현하고 승화시켰습니다. 쇼팽의 음악이 울림을 주는 이유는 어쩌면 타인에게 내 감정을 너무나 쉽게 전가해 버리는 세상에서 살아가고 있기 때문은 아닐까요?

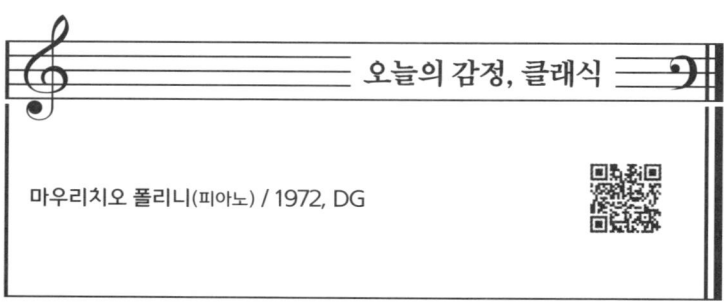

오늘의 감정, 클래식

마우리치오 폴리니(피아노) / 1972, DG

▪ 음표나 쉼표의 오른쪽에 찍어서 원래 길이의 반만큼의 길이를 더한다는 것을 표시하는 점을 말한다.

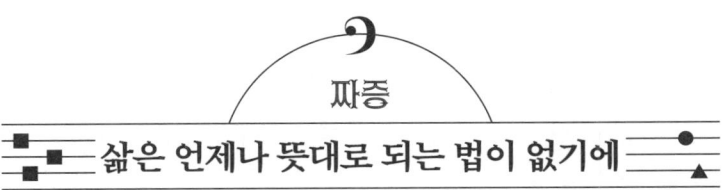

짜증
삶은 언제나 뜻대로 되는 법이 없기에

브루흐, 바이올린 협주곡 1번 사단조 Op.26
Max Bruch, Violin Concerto No.1 in g minor Op.26

아침 출근 시간. 부랴부랴 준비를 마치고 엘리베이터를 기다리는데 꼭대기 층까지 올라간 엘리베이터가 도통 내려올 생각을 안 합니다. 음…, 조금 늦긴 하겠지만 지각할 정도는 아니니까 괜찮습니다. 한참 기다려 엘리베이터를 타고 지하 주차장으로 내려갑니다. 두리번두리번 차를 찾아 헤매는데 어쩐 일인지 차가 보이지 않습니다. 아차! 기억을 더듬어 보니 차를 세워둔 곳은 한 층 아래인 지하 2층이었습니다. 후…, 조금씩 마음이 급해지지만 이럴수록 침착하자 생각합니다. 잰걸음으로 한 층 내려가서 시간을 확인하니 바로 출발하면 아슬아슬하게 세이프. 오케이. 차 문을 열려는 순간, 웬걸 차 문이 열리지 않습니다. 그렇겠죠. 열쇠를 집에 놓고 왔으니까요. 하…, 짜증 나.

짜증이 뭐겠습니까, 이게 짜증이죠. 복싱으로 치자면 강력한 훅 한 방이 아닌 가벼운 잽을 여러 번 맞는 것. 야구로 치자면 큼지막한 홈런 한 방이 아닌 자잘한 파울 타구를 연속해서 맞는 것. 가랑비에 옷이 젖고 처마의 빗방울이 돌을 뚫듯, 단순한 해프닝으로 그쳤을 일들이 겹치고 겹쳐 내가 원하는 방향으로 흐르지 않을 때 새어 나오는 감정이 짜증이죠.

제가 짜증 났던 이유는 '상황이 내가 원하는 방향으로 흐르지 않아서'입니다. 곧바로 엘리베이터를 타고 한 번에 차를 찾아 제시간에 출근할 거라고 예상했지만 어느 것 하나 원하는 방향대로 흘러가지 않았기 때문이죠. 게다가 한번 새어 나온 짜증은 쉽게 사그라지지도 않아서 앞, 뒤, 옆에 있는 도로 위 차들에까지 짜증을 내며 운전했습니다. 하루를 마무리하며 떠올려보니 참 부끄러운 아침이었네요.

어쩌면 지금 소개할 작곡가도 훗날 자신의 짜증을 부끄러워하지 않았을까요? 최고의 바이올린 협주곡을 남겼지만 이 곡으로 인해 평생 스트레스 받으며 살아간 독일의 작곡가 막스 브루흐Max Bruch, 1838-1920입니다.

음악 교사였던 어머니에게 피아노를 배우며 음악을 시작한 브루흐는 아홉 살부터 작곡을, 열네 살 때는 무려 교향곡과 현악 4중주를 작곡할 정도로 음악에 두각을 보였습니다. 이후 그는 슈만, 멘델스존 등 앞선 독일 낭만주의 작곡가들의 작곡 스타일을 따르기로 결심합니다. 그의 작품 곳곳에서 선배 작곡가들의 영향이 느껴지는 이유가 바로 이 때문이죠. 독일 낭만주의의 뼈대 위에 자신만의 색채감을 더해간 브루흐의 음악 스타일이 가장 잘 나타나는 곡이 바로 바이올린 협주곡 1번입니다.

낭만주의 시대 독일 작곡가 막스 브루흐. 교향곡과 가곡, 실내악 등 활발한 작곡 활동을 펼쳤지만 기억되는 곡은 바이올린 협주곡 세 곡뿐이다.

브루흐는 당대 최고의 바이올리니스트였던 요제프 요아힘의 연주를 보고 영감을 받아 바이올린 협주곡을 작곡하기로 결심합니다. 그리고 약 2년간 작곡에 매진하여 1866년 이 곡의 첫 번째 버전을 세상에 내놓았죠. 이 곡은 자신이 직접 지휘하고 오토 폰 쾨니히 슬뢰프에게 독주 바이올린을 맡겨 초연에 올랐습니다. 하지만 초연 결과는 기대에 미치지 못했죠. 고민 끝에 브루흐는 자신에게 영감을 주었던 요제프 요아힘을 찾아갑니다. 요아힘은 이 곡의 가치를 알아보고 독주 바이올린 부분을 작곡해서 보내주는 등 조언을 아끼지 않았고, 최고의 바이올리니스트가 수정 작업에 참여한 덕분에 곡의 완성도는 보다 좋아졌습니다. 이 개정된 바이올린 협주곡은 1868년 요제프 요아힘이 독주 바이올린 직접 맡으며 독일

브레멘에서 초연에 오르게 됩니다.

    곡은 '전주곡, 적당히 빠르게*Vorspiel, Allegro Moderato*'의 1악장으로 시작됩니다. 여기서 알 수 있듯 1악장은 작품 전체에서 전주곡의 역할을 하며 휴지부 없이 자연스럽게 2악장으로 이어집니다.

    2악장 '아다지오*Adagio*'는 브루흐만의 아름다운 선율을 십분 느낄 수 있습니다. 오케스트라의 잔잔한 반주 위에 독주 바이올린이 이끄는 유려하고 애조가 깃든 선율은 최고의 바이올린 협주곡임을 당당히 증명하죠. 듣기만 해도 황홀해지는, 이 협주곡의 심장이라 불릴 만한 악장입니다. 마지막 '빠르고 힘차게*Allegro Energico*'의 3악장은 집시풍의 쾌활한 선율로 시작됩니다. 독주 바이올린과 오케스트라가 선율을 주고받으며 분위기를 고조시키고, 마지막에 이르러 이제까지 쌓인 모든 긴장을 날려버리듯 힘차게 끝을 맺습니다.

    결과는 대성공이었습니다. 낭만적이면서 웅장한 선율, 우수 넘치는 분위기에 사람들은 찬사를 보냈죠. 독일의 그저 그런 작곡가 중 한 명이었던 브루흐는 이를 계기로 큰 명성을 얻게 됩니다. 그는 성공에 큰 보탬이 되어준 요아힘에게 이 곡을 헌정하며 감사를 전했죠. 실제 이 곡은 많은 바이올리니스트에게 '독창적이고 기교적이지만 큰 무리 없는 연주 난이도를 지녔다'라는 평가를 받습니다. 그래서 4대 바이올린 협주곡▪과 더불어 가장 많이 연주되는 바이올린 협주곡으로 꼽히곤 하죠.

큰 성공을 거둔 바이올린 협주곡 1번은 그를 일약 스타 작곡가로 만들어 주었지만 동시에 큰 스트레스를 안겨 주었습니다. 사람들이 바이올린 협주곡 1번과 비견될 만한 곡을 원했거든요. 그 요구에 따라 브루흐는 바이올린 협주곡 2번과 3번을 차례로 작곡했습니다만, 대중은 여전히 1번 협주곡에만 열광했습니다. 이는 브루흐에게 큰 스트레스였는데요. 노년에 접어들 무렵 그가 친구에게 보낸 짜증 섞인 내용의 편지를 보면 이를 잘 느낄 수 있습니다.

저들은 여전히 나에게 '바이올린 협주곡 1번'만을 외치고 있어.
마치 내가 작곡한 협주곡이 1번 하나만 있다고 생각하는 것 같아.
난 그따위 타령이 지긋지긋해 미칠 지경이야.
내 생각엔 2번이나 3번 협주곡도 1번만큼 훌륭한데 말이지.

브루흐는 바이올린 협주곡 외에도 교향곡, 실내악, 오페라 등 200여 개가 넘어가는 작품을 작곡했지만 대중은 언제나 그를 '바이올린 협주곡 1번의 작곡가'로 기억했습니다. 짜증 섞인 그

▪ 베토벤의 바이올린 협주곡 Op.61, 멘델스존의 바이올린 협주곡 Op.64, 브람스의 바이올린 협주곡 Op.77, 차이콥스키의 바이올린 협주곡 Op.35

의 푸념이 이해되는 대목입니다. 그리고 여전히 그는 바이올린 협주곡 1번 작곡가로 기억되고 있죠.

삶은 언제나 뜻대로 흘러가는 법이 없습니다. 하루, 한 달, 일년, 나아가 인생 전체를 놓고 보면 굳이 그렇게까지 짜증을 내야 했을까 싶은 순간이 많습니다. 브루흐도 그러지 않았을까요? 클래식 음악사에서 단 한 곡도 기억되지 못하고 사라진 작곡가들이 얼마나 많은가요. 최고의 바이올린 협주곡 작품을 남긴 브루흐는 어쩌면 짜증이 아닌 행복한 비명을 질러야 할 작곡가가 아닐까 합니다.

오늘의 감정, 클래식

야샤 하이페츠(바이올린), 말콤 사전트(지휘), 런던 뉴 심포니 오케스트라 / 1962, RCA

모욕

쓰레기 같은 음악

차이콥스키, 피아노 협주곡 1번 내림 나단조 Op.23
Pyotr Ilyich Tchaikovsky, Piano Concerto No.1 In b-flat minor Op.23

탁한 웅덩이에도 헤엄치는 개구리는 있다.

개구리는 결코 모른다. 네 고약한 냄새를

비가 내리면 이내 맑아질까 기다렸건만

비를 먹고 몸집만 더 키우는구나.

참는 게 이기는 거랬다.

당장 으스러질 듯 아프지만,

이 딱딱한 덩어리 언제쯤 담담해질지 모르지만,

흐르면 이도 그저 한 모금 웃음이겠지.

너는 나에게 좋은 술안주 그뿐이겠지.

네 덕에 오늘 크게 자랐다.

누군가 인생에서 가장 감정적인 시기가 언제였냐고 물어본다면 저는 망설임 없이 군대 시절이라 대답하겠습니다. 정해진 사람, 사라진 자유, 제한된 공간이란 군 조직의 특수성은 예상보다 훨씬 마음을 힘들게 했고, 저는 더 예민해질 수밖에 없었습니다. 일개 이등병인 제가 할 수 있는 일이라곤 그저 매일 밤 일기장에 그날 일과 느꼈던 감정을 옮겨 적는 일이었습니다. 훈련병 시절부터 시작된 일기는 말년 휴가를 나가기 직전까지 이어졌고 그 안에는 군 생활에서 느꼈던 생생한 감정이 살아 있습니다. 저는 일기장에 가끔은 단어의 나열로, 또 어떤 날은 그림으로, 혹은 시로 함축하는 등 나름 소소한 변화를 주었습니다. 부끄럽지만 앞에 적어둔 시는 막 일병을 달았을 무렵의 일기인데요. 조심스럽게 그날 이야기를 해볼까 합니다.

생각해보면 저는 그리 좋은 후임이 아니었습니다. 속된 말로 '까라면 까'야 이쁨을 받는데 저는 '납득이 돼야 까'는 후임이었거든요. 군 생활, 아니 사회생활을 조금이라도 해본 사람이라면 공감하겠지만 이해되지 않더라도 그냥 해야 하는 일들이 있습니다. "아니 도대체 이걸 왜?"라고 묻기 전에 그냥 하면 되는, 해야만 하는 일들이죠. 저는 이것과 타협하는 데 꽤 긴 시간이 걸렸습니다. 아무리 생각해도 비효율적이고 조금만 다르게 생각하면 효율적으로 일을 할 수 있는데 왜 이렇게 해야만 할까? 선임 입장에서는 당연히 그런 제 모습이 아니꼽게 보였을 겁니다. 그렇게 저도 모르는 사이 저는 '후임답지 않은 후임'이 되어 있었고 선임들은 언제 한번 걸리기만 해보라며 벼르고 있었죠.

얼마 지나지 않아 일은 벌어졌습니다. 모든 일과가 끝난 저녁 식사 시간, 가벼운 농담이 오가며 여느 날과 다를 것 없는 평화로운 식사가 이어지던 중 제가 맞은편에 앉아 있던 후임에게 장난스러운 농담을 툭 던졌습니다. 평소 돈독했던 후임이기에 편하게 던진 것이었죠. 하지만 옆에서 듣고 있던 한 선임의 귀에는 이 농담이 제법 날카롭게 느껴졌나 봅니다. 별안간 수저를 내팽개치더니 '더 이상 못 봐주겠다'고 소리를 지르며 자리를 박차고 나가버리더군요.

그때 식당에는 제가 속한 군악대를 포함해 타 단위 대대까지 꽤 많은 병사가 모여 있었습니다. 바닥에 떨어진 수저의 쨍그랑 소리와 함께 선임의 고함이 식당 전체에 울려 퍼지던 순간, 식당에 있던 수많은 시선이 저에게 날아와 꽂혔습니다. 순식간에 싸해진 분위기, 곧 참을 수 없는 모욕감이 몰려왔습니다. 저를 잘 모르는, 심지어 처음 보는 후임들까지 있는 자리에서 그런 모습을 보이다니요. 심장이 튀어나오고 눈알이 뒤집힐 듯 감정이 올라왔지만 할 수 있는 것은 아무것도 없었습니다. 저는 그보다 후임이었으니까요.

감정이 극에 달하니 이성은 오히려 차분해졌습니다. 지금 내 위치에서 할 수 있는 최선이 무엇인가 생각했고, 일단 달려 나가 선임을 붙잡았습니다. 그리고 이야기를 나눴죠. 물론 제 감정은 철저히 배제한 일방적인 사과였습니다. 다행히 더 이상의 충돌 없이 대화는 마무리되었지만, 이미 으스러진 제 마음을 달래 주는 사람은 아무도 없었습니다. 그렇게 하루가 다 끝날 때까지 꾹꾹 눌러놓은 저의 감정은 그날 밤 일기장에서나 폭발할 수 있었습니다.

모욕을 느껴보니 이 감정은 단순히 하나의 단어로 설명할 수 없는 복합적인 감정이란 것을 알게 되었습니다. 분노와 억울, 경멸과 증오에 약간의 수치심까지 뭉쳐진 감정이죠. 이 감정에 알맞은 음악이 절실한 순간, 한 명의 작곡가가 머리를 스쳐 지나갔습니다. 우리가 사랑하는 러시아의 작곡가 차이콥스키*Pyotr Ilyich Tchaikovsky, 1840-1893*였습니다.

차이콥스키 음악의 첫 번째 매력은 단연 빼어난 선율입니다. 화창한 봄날 만개한 꽃의 군락을 보는 듯한 〈꽃의 왈츠〉, 내면을 깊게 무거운 침잠의 길로 이끄는 〈비창〉 교향곡, 풍부한 색채감과 우아한 선율이 가득한 〈현을 위한 세레나데〉까지. 그의 작품을 듣고 있으면 어떻게 이렇게까지 아름답고 다채로운 선율을 작곡할 수 있는지 감탄을 넘어 경탄이 터질 지경입니다. 그의 작품 세계를 한마디로 요약해 '슬라브 특유의 밀도 높은 감정이 서유럽의 악풍을 만나 서로의 장점만 취했을 때 탄생한 음악'이라 하면 너무 약소해 보일까요?

이번에 소개할 피아노 협주곡 1번 역시 마찬가지입니다. 이 작품은 유명한 도입부를 시작으로 곡 전반에 걸쳐 차이콥스키만의 아름답고 찬란한 선율이 쉴 새 없이 쏟아집니다. 하지만 위대한 곡의 탄생에는 언제나 고난이 따르는 법. 이 작품에 내려진 첫 번째 평가는 '쓰레기 같은 음악'이었습니다.

1874년 모스크바 음악원의 교수로 재직하며 왕성한 작곡 활동을 이어가던 차이콥스키는 마침내 자신의 첫 번째 피아노 협주곡을 작곡합니다. 첫 번째 협주곡이니만큼 신경 써서 작곡한 터라 차이콥스키는 이 곡이 꽤 마음에 들었지요. 그

매력적인 선율을 작곡하는 데 탁월한 재능이 있던 차이콥스키. 하지만 그의 작품 중엔 세상의 인정을 받기까지 우여곡절을 겪은 작품이 많다.

는 몇몇 동료들과 함께 평소 존경하던 동료 니콜라이 루빈스타인을 찾아갔습니다. 악보의 첫 페이지에 정성스럽게 헌정사까지 작성해서요.

니콜라이 루빈스타인은 당시 차이콥스키가 재직 중이던 모스크바 음악원의 원장이었습니다. 차이콥스키에게 음악원 교수 자리를 내어주고, 음악적으로 조언을 주는 등 많은 영향을 미쳤던 음악가였죠. 차이콥스키는 그를 진심으로 존경했고, 그랬기에 자신의 첫 번째 피아노 협주곡을 헌정하며 초연을 부탁하기로 마음먹은 것이었습니다.

이 협주곡은 연주가 불가능한 쓰레기 같은 곡이다. 곡을 구성하는 패시지들은 어색하고 서투르며 구제 불능이다. 차라리 다른 사람의 작품을 그대로 베끼는 것이 나았을 것이다. 이 협주곡은 두세 페이지 정도만 건질 수 있을 뿐 나머지는 완전히 다시 작곡해야 한다.

협주곡의 악보를 받아본 루빈스타인의 평가입니다. 아무리 마음에 들지 않는다 해도 그렇지 '쓰레기 같은 곡'이라니요. 존경하는 음악가에게, 동료들 앞에서 이런 평가를 들은 차이콥스키는 엄청난 모욕감을 느낍니다. 그는 그 자리에서 "음표 하나도 고칠 수 없다."는 말과 함께 헌정사를 찢어버리고 자리를 박차고 나가버립니다.

이후 차이콥스키는 피아니스트 겸 지휘자였던 한스 폰 뷜로에게 협주곡의 악보를 보여주었습니다. 루빈스타인과 달리 뷜로는 아주 독창적이고 경탄할 만한 곡이라며 극찬을 아끼지 않았죠. 차이콥스키는 작품의 진가를 알아봐 준 뷜로에게 작품을 헌정하며 감사를 전했고, 이 곡은 보스턴 심포니 오케스트라와 뷜로의 협연으로 미국에서 처음으로 울려 퍼지게 됩니다.

뷜로의 예상대로 초연은 대성공을 거두었습니다. 이 곡의 구성에서 가장 두드러지는 부분은 바로 도입부인데요. 호른의 하행음으로 시작해 관현악과 피아노가 이어받아 찬란한 선율로 뻗어 나가는 아주 유명한 구간입니다. 〈클래식 읽어주는 남자〉 채널에 달린 댓글의 표현을 빌리자면, '눈이 펑펑 내리는 날 절묘하게 잘 어울리는' 도입부이기도 하죠. 이후 본격적으로 시작되는 1악장은 20여 분 길이의 크고 장대한 규모로 진행됩니다. 조성과 전개가 자유로운 소나타 형식으로 독주 피아노와 오케스트라가 서로 대립하는 듯 조화를 이루는 모습이 인상적이죠.

2악장은 비교적 소박하고 잔잔한 전원풍의 평화로운 선율이 주를 이루고, 이와 반대로 3악장은 투박하고 개성 넘치는 슬라브풍의 무곡 선율이 귀를 즐겁게 만들어줍니다.

이 협주곡은 도입부의 압도적인 선율이 강하게 인상에 남지만 도입부로만 기억하기엔 아쉬운 차이콥스키만의 선율이 가득한 곡이기도 합니다. 그렇기에 고국과 머나먼 미국의 관객들조차 매료시킬 수 있었던 것이죠.

루빈스타인은 자신이 혹평을 퍼부었던 작품이 초연에서 대성공을 거두자 차이콥스키에게 화해의 손길을 내밉니다. 이런 대곡을 작곡하면서 자신에게 자문 한 번 받지 않은 사실에 화가 나서 마음에도 없는 소리를 해버렸다며 말이죠. 차이콥스키는 사과를 받아주었고 음표 하나 고칠 수 없다는 말을 번복해 작품을 몇 차례 수정했습니다. 이것이 바로 오늘날 우리가 듣는 피아노 협주곡 1번으로 위대한 피아노 협주곡의 반열에 올라 많은 피아니스트의 단골 레퍼토리가 되었습니다.

비집고 나오는 감정을 애써 꾹꾹 참으며 시를 쓰던 그때, 제 마음을 조금이나마 풀어준 문장이 있습니다. 바로 "흐르면 이도 그저 한 모금 웃음이겠지. 너는 나에게 좋은 술안주 그뿐이 겠지."입니다. 돌이켜 생각해보니, 비단 모욕에만 어울리는 문장 은 아닌 것 같아요. 제가 그랬듯 여러분이 지금 겪고 있는 그리 고 앞으로 겪게 될 감정 모두 지나고 나면 한 모금 웃음이고 맛 있는 술안주가 될 겁니다.

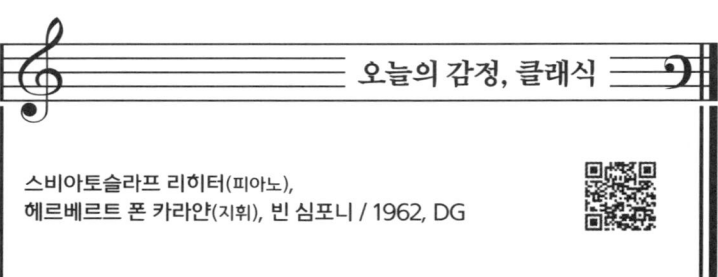

오늘의 감정, 클래식

스비아토슬라프 리히터(피아노),
헤르베르트 폰 카라얀(지휘), 빈 심포니 / 1962, DG

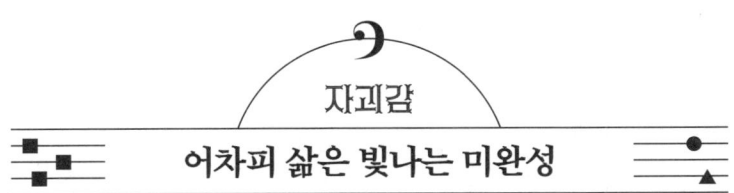

자괴감

어차피 삶은 빛나는 미완성

슈베르트, 교향곡 8번 나단조, D.759 〈미완성〉
Franz Schubert, Symphony No.8 in b minor D.759 〈Unfinished〉

　　고등학생 땐 대학 입시가 세상의 전부인 줄 알았습니다. 그래서 첫 번째 대학 입시에서 떨어지고 재수의 길을 택했죠. 그 시절을 지배했던 감정은 다름 아닌 자괴감이었습니다. 스스로에 대한 부끄러움, 대학에 들어가지 못한 일종의 자책이었죠. 재수 시절 내내 대학 합격을 위해 부단히 노력했지만 한번 자리 잡은 이 감정을 떨쳐버리기란 여간 어려운 일이 아니었습니다. 심지어 합격 통지를 받았을 때조차도 마음 한편에 재수생 꼬리표에 대한 걱정이 있었으니까요. 그만큼 저는 작아져 있었습니다.

　　자괴감이 무서운 이유가 이것이 아닐까요? 이 감정은 나에게 집중하는 것을 끊임없이 방해합니다. 오히려 가지지 못하고 부재한, 부족한 모습에 집중해 그 크기를 한없이 키웁니다. 지금에

와서 돌아본 재수 시절의 저는 원하는 것을 이루고자 하는 의지로 가득 찬, 그 누구보다 밝게 빛나던 사람이었습니다. 하지만 자괴감에 사로잡힌 당시에는 엉뚱한 것들의 크기를 키워가느라 정작 마주했어야 할 나 자신에 대해서는 외면하고 있었죠.

이파리 하나 덜 달고 핀 꽃이라도, 진한 향기는 있으니까 괜찮아.

- 리쌍 〈개리와 기리〉 중

그 시절 매일 들었던 노래의 가사입니다. 미완성의 가치를 이야기하는 이 문장은 어느 하나 완성된 것이 없다고 느껴졌던 그 시절의 저에게 다가와 큰 위로가 되었습니다. 이파리 하나 덜 달고나와 핀 꽃이지만 진한 향기는 있으니 괜찮다…. 참 멋진 말 아닌가요?

이상합니다. 미완성이었던 스물의 저는 나이가 들어 서른이 넘으면 삶이 어느 정도 완성되어 있을 거라 생각했습니다. 하지만 막상 서른이 된 후에도 여전히 많은 부분에서 미완성인 삶을 살아가고 있습니다. 물론 이십 대에 부족했던 것들은 많이 채워졌지만, 또 다른 부분에서 결핍을 느끼고 있죠. 지금 이 책을 읽는 인생 선배님께 여쭤보고 싶습니다. 마흔, 쉰 혹은 그 이상의 삶을 살아가고 있는 여러분의 삶은 어떤가요? 어느 정도 완성되었다고 생각하나요?

"예."라는 대답이 나오지 않아서, 그래서 스스로가 부끄러워졌다면 이제 소개할 작품에 집중할 필요가 있겠습니다. 누구보다 완성되지 않은 삶을 살아갔던 한 작곡가의 완성되지 않은 교향곡 이야기입니다.

프란츠 슈베르트Franz Schubert, 1797-1828, 그의 삶은 한마디로 '미완성'입니다. 서른한 살이라는 유독 젊은 나이에 세상을 떠났으니 말이죠. 하지만 그가 남긴 작품의 수만 놓고 본다면 장수한 작곡가들만큼이나, 아니 어쩌면 그보다 더 많은 작품을 세상에 남기고 떠난 작곡가이기도 합니다. 그 짧은 생애에 무려 1,000곡에 가까운 작품을 작곡했으니까요. 그중 가곡이 600여 곡으로 가장 많습니다. 그 많은 가곡 중 비슷한 선율의 곡은 단 하나도 없다는

31세의 젊은 나이에 요절한 프란츠 슈베르트의 삶은 미완성 교향곡과 닮았다.

점에서 그의 탁월했던 재능을 엿볼 수 있죠.

슈베르트는 악상을 떠올리려 고뇌하고 수정에 수정을 거듭하는 스타일의 작곡가가 아니었습니다. 그저 내면에 떠오른 선율을 오선지에 충실히 옮겨 적을 뿐이었죠. 베토벤보다는 모차르트 유형이 가까웠습니다. 이런 작곡 스타일은 상대적으로 길이

가 짧은 가곡 혹은 일정한 형식에 얽매이지 않고 흐름을 중시하는 즉흥곡 같은 장르에서 빛을 발할 수 있었습니다. 형식과 규율, 체계를 중요시하며 긴 호흡이 필요한 교향곡 등의 장르에서 그의 작품이 상대적으로 저평가되는 이유이기도 하죠.

하지만 이제부터 이야기할 이 교향곡만큼은 예외입니다. 공교롭게도 교향곡치고 길이가 짧은 편에 속합니다. 악장이 단 두 개밖에 없거든요. 일반적인 교향곡의 구성이 네 개의 악장이다 보니 이 교향곡은 만들다 만 게 아닌가 싶은 생각이 들기도 합니다. 그래서일까요? 이 교향곡에 붙은 표제는 바로 〈미완성〉입니다. 단 두 악장짜리 교향곡이 다른 위대한 교향곡들과 어깨를 나란히 할 수 있는 이유. 이 교향곡에 담긴 매력을 알아봐야겠습니다.

〈미완성〉 교향곡은 슈베르트가 어느 음악 협회의 명예 회원으로 선정되어 그에 대한 감사의 마음을 담아 작곡한 작품입니다. 슈베르트는 먼저 완성된 두 악장을 협회에 보냈는데요. 이를 받아본 협회는 만족해하며 곡의 완성본을 기다렸지만 끝내 완성본은 도착하지 않았습니다. 그러던 중 슈베르트가 세상을 떠나버렸고, 이 곡은 단 두 악장의 반쪽짜리 교향곡으로 남아 사람들의 기억 속에서 잊혔습니다. 그런데 슈베르트가 세상을 떠난 지 32년이 지난 1860년, 지휘자 요한 폰 헤르벡이 단 두 악장뿐인 이 작품의 가치를 알아보고는 직접 지휘해 초연에 올렸습니다. 그렇게 〈미완성〉 교향곡이 세상에 처음 알려졌습니다.

곡은 지휘자 펠릭스 바인가르트너의 말을 빌려 '지하 세계에서 슈베르트의 선율이 솟아오르듯' 시작됩니다. 이어서 일찌감치 두 개의 주제 선율을 던져주는데요. 클라리넷과 오보에에 의해 연주되는 애달픈 분위기의 첫 번째 선율, 첼로와 현악기에 의해 연주되는 평화롭고 낭만적인 두 번째 선율. 이 두 개의 선율이 악장 전반에 걸쳐 반복, 변형되며 진행되죠. 더블베이스 같은 저음 악기들의 음향이 도드라져 악장 전반의 분위기는 어둡고 비극적입니다.

2악장은 그보다 정겹고 따스합니다. 목관 악기와 현악기가 조화롭게 어우러지며 느린 악장에서만 느낄 수 있는 슈베르트 선율의 정수를 보여주죠. 이 교향곡은 단 두 악장뿐이지만 결코 미완성이 아닙니다. 슈베르트만의 풍부한 선율과 참신한 화성, 다채로운 음색까지 단 두 악장만으로도 우리에게 벅찬 감동을 선사하기 때문입니다. 여느 교향곡과 비교해 봐도 뒤처지지 않을 정도의 큰 사랑을 받는 교향곡입니다.

의도적인 미완성이다, 단순히 깜빡한 것이다, 작곡이 어려워 포기했다는 등 이 작품이 미완성으로 남게 된 이유에 대한 추측은 다양합니다. 하지만 왜 미완성인지 알아내는 것이 크게 중요해 보이진 않습니다. 어차피 이 곡은 미완성이어서 더 가치 있고 빛나는 곡이기 때문이죠.

우리의 인생 역시 마찬가지 아닐까요? 우린 모두 완성을 향해 나아가는 미완성의 존재들입니다. 어딘가 부족하고, 완성되지 않아서 그것을 채우기 위해 부단히 달려가고 있죠. 그 과정에서 뿜어나오는 진한 향기, 우리의 삶이 가치 있는 이유가 바로 이것이죠. 그러니 자괴감에 빠지지 마세요. 어차피 삶은 빛나는 미완성이고 그런 내 모습을 사랑해야 하는 단 한 사람은 오직 나 자신뿐입니다.

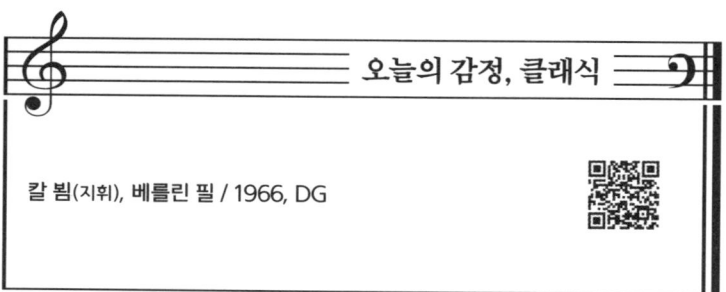

오늘의 감정, 클래식

칼 뵘(지휘), 베를린 필 / 1966, DG

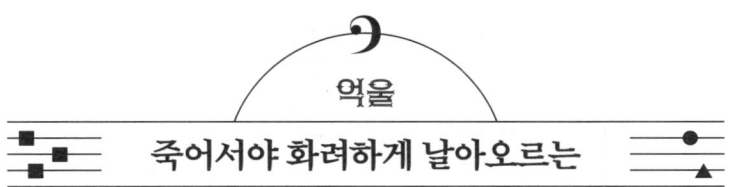

억울

죽어서야 화려하게 날아오르는

비제, 오페라 〈카르멘〉 서곡
Georges Bizet, Opera 〈Carmen〉 Overture

인상주의 화가 빈센트 반 고흐는 생전에 작품 단 한 점만이 팔렸을 정도로 당시에는 인정받지 못했습니다. 37년이란 짧은 인생은 언제나 가난과 고독, 우울의 연속이었죠. 그에겐 그림만이 유일한 탈출구였습니다. 동생 테오를 제외하면 그림의 가치를 알아주는 사람은 아무도 없었죠. 결국 정신질환으로 고통스러운 삶을 살다 스스로 생을 마감했습니다.

한국의 근현대 미술을 대표하는 화가 이중섭도 크게 다르지 않습니다. 6·25를 온몸으로 겪은 그는 비행기 폭격으로 집이 잿더미가 되는 등 크고 작은 고난을 겪으며 평생을 가난 속에서 살아갔죠. 재료 살 돈이 없어 담뱃갑 속 은박지에 그림을 그릴 정도로 고난의 연속인 삶이었지만 가족이 있어 버틸 수 있었습니다.

일본인 아내 마사코와 두 아들을 향한 각별한 애정은 그의 작품에도 잘 나타나 있습니다.

하지만 아내가 폐결핵을 앓고 일본에 있는 장인이 세상을 떠나자 그는 아내와 아이들을 일본으로 떠나보냅니다. 이후 이중섭은 일본으로 떠난 아내와 아이들을 만나기 위해 다방면으로 애를 쓰고 1955년엔 야심 차게 개인 전시회까지 열었습니다. 그러나 예상보다 작품은 팔리지 않았고 그나마 팔린 작품의 대금도 거의 받지 못습니다. 낙담한 이중섭은 남은 작품들을 지인에게 나눠주거나 불태워버리며 자신의 심경을 대변했죠.

이중섭의 〈황소〉(1954). 일제강점기, 이중섭은 황소를 그리며 민족정서를 표현했다.

1년 후 그는 가족을 다시 만나보지 못한 채 40세의 젊은 나이로 쓸쓸하게 생을 마감했습니다.

빈센트 반 고흐와 이중섭. 다른 시대, 다른 나라에서 태어났지만 공통점이 있습니다. 살아생전 인정받지 못하다가 세상을 떠나고 나서야 인정받았다는 것이죠. 사실 작품성만을 놓고 본다면 더 이상의 평가가 필요 없습니다. 작품성이 부족했다면 그들은 진작에 잊혔겠죠.

그들 생전에 작품이 인정받지 못했던 이유는 외부에 있었습니다. 특히 일제강점기에 태어난 이중섭의 대표 작품에는 '황소'가 그려져 있었는데 일본인이 주류였던 당시 미술계에선 우리나라의 황소가 조선의 민족성을 대변한다며 그의 작품을 인정하지 않았습니다.

조르주 비제의 대표 오페라 〈카르멘〉은 그가 세상을 떠난 뒤 빈에서 재조명되었다.

고된 인생을 살아내기에 급급했던 빈센트 반 고흐와 이중섭. 지금 그들을 바라봤을 땐 참 억울했겠다는 생각이 듭니다. 재능과 작품의 가치가 세상을 떠난 뒤에야 인정받았으니 말이죠. 그림 재료도 마음대로 사지 못할 정도로 가난했던 그들의 작품이 수십, 수백억을 호가하는 세상이 오다니요.

클래식계에도 이런 대표적인 사례가 존재합니다. 화려한 감정 표현과 극적 효과, 색채감 넘치는 음악으로 '지중해의 바그너'란 찬사를 받았던 프랑스 작곡가 조르주 비제*Georges Bizet, 1838-1875*와 그를 대표하는 오페라 〈카르멘〉에 담긴 이야기입니다.

19세기는 오페라가 꽃을 피웠던 시기입니다. 특히 이탈리아와 독일이 이를 주도했는데요. 대중적이면서도 강렬한 선율과 극적인 감정 표현을 지향했던 이탈리아의 베르디와 음악과 미술, 문학, 연극 등 예술을 하나로 융합하여 오페라의 종합 예술화를 추구했던 독일의 바그너가 이 시대의 대표적인 작곡가였습니다. 지금도 그렇지만 당시 오페라에서 이 둘의 존재감은 지대했습니다. 유럽 오페라 시장을 양분하고 있다고 해도 과언이 아니었죠(공교롭게도 두 작곡가는 태어난 해도 1813년으로 같습니다). 이런 분위기에서 오페라 작곡가로 성공하길 바라며 음악계로 뛰어든 프랑스의 작곡가가 있었습니다. 바로 조르주 비제입니다.

하지만 유럽 오페라를 주름잡는 거장들 사이에 비제가 들어갈 틈은 없었죠. 첫 오페라 〈진주 조개잡이〉를 비롯해 여러 오페라를 발표했지만, 기대만큼의 성과를 거두지 못하고 대중에게 외면받기 일쑤였습니다. 베르디와 바그너의 아류가 아니냐는 평가까지 들었죠.

시간이 흘러 어느덧 36세가 된 비제는 드디어 회심의 역작 〈카르멘〉을 작곡합니다. 그간 오페라에서 이렇다 할 성과를 보이지 못했기에 이 작품에 특히 더 많은 공을 기울였죠. 1875년 3월 3일, 파리의 오페라 코미크 극장에서 초연에 오른 오페라 〈카르멘〉. 그러나 기대와 달리 결과는 또 한 번의 실패였습니다. 마지막 4막이 끝났을 땐 이미 관객의 대다수가 자리를 떠난 뒤였고, 극장엔 작품에 대한 거센 비난과 질타만이 남았습니다.

〈카르멘〉이 초연에서 실패한 데는 음악이 아닌 작품의 내용에 그 이유가 있었습니다. 주인공 '카르멘'은 매력적이지만 자유로운 영혼을 가진 집시입니다. 노출이 심한 옷과 거친 욕설, 예측할 수 없는 돌발 행동을 하는 캐릭터죠. '자고로 여자는 청순하고 조신해야 한다'는 남성 중심적인 문화가 가득했던 당시의 프랑스에서 당당하고 거침없는 카르멘의 모습은 거부감이 들 수밖에 없었습니다. 여기에 하층민인 집시가 주인공이라는 점, 살인으로 극이 끝난다는 점까지 〈카르멘〉엔 거부감을 일으킬 만한 요소가 많았습니다. 당시 오페라 극장은 지금의 영화관처럼 가족과 연인이 함께 방문하는 곳이었으니까요.

역량을 쏟아부은 〈카르멘〉마저 실패로 끝나자 비제는 깊은 좌절과 무력감에 빠집니다. 스트레스로 하루하루를 보내다가 결국 파리 초연으로부터 정확히 3개월 뒤인 1875년 6월 3일 심장마비로 세상을 떠나죠. 분명 〈카르멘〉의 실패가 간접적으로나마 영향을 미쳤을 겁니다.

그런데 비제가 세상을 떠난 직후 아이러니한 일이 벌어집니다. 〈카르멘〉이 프랑스가 아닌 엉뚱한 나라에서 재조명받게 된 겁니다. 바로 오스트리아 빈에서였습니다. 〈카르멘〉의 정열적인 선율과 화려한 색채감, 극적인 감정 표현과 파격적인 줄거리에 오스트리아 관객은 물론 작곡가들도 극찬을 아끼지 않았습니다. 스무 번이나 재관람한 브람스를 포함해 차이콥스키, 리하르트 슈트라우스, 니체 등 많은 예술인이 관람하며 대성공을 거두자 〈카르멘〉은 더는 저급하고 불결한 오페라가 아니게 되었죠.

빈에서의 성공 이후 〈카르멘〉은 유럽을 포함한 전 세계 극장으로 퍼져나갔습니다. 사람들은 어떤 오페라에서도 느낄 수 없

었던 〈카르멘〉만의 매력에 푹 빠져들었고 프랑스 최고의 오페라
이자 세계적인 오페라로 유명해졌습니다. 비제는 세상을 떠나고
나서야 자신이 그토록 바라던 '오페라 작곡가'로서 성공을 이룬
셈이죠. 고흐가 그랬고, 이중섭이 그랬던 것처럼 말입니다.

〈카르멘〉의 매력은 서곡에서부터 강렬하게 뿜어져 나옵니다.
스페인풍의 힘차고 정열적인 선율은 관객을 단숨에 오페라 속
으로 끌어들이기에 부족함이 없죠. 밝고 역동적인 도입부로 시
작해 대표 아리아인 '투우사의 노래'를 슬며시 비춘 뒤 다시 힘
찬 후주로 돌아오기까지 2분여의 시간이 순식간에 지나갑니다.
작품의 성공을 지켜보지 못한 비제 본인은 억울할지 모르겠
지만 우리는 덕분에 화려한 색채감과 드라마틱한 선율이 가득한
작품을 감상할 수 있으니 참 감사한 일입니다.

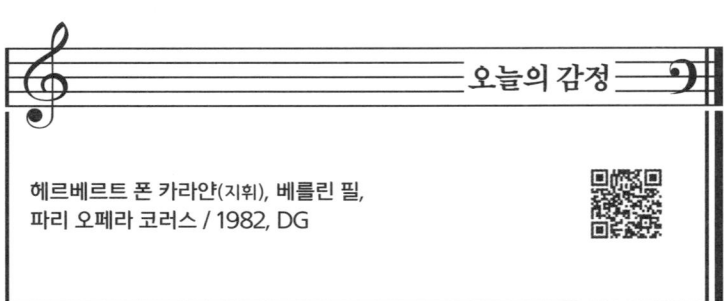

오늘의 감정

헤르베르트 폰 카라얀(지휘), 베를린 필,
파리 오페라 코러스 / 1982, DG

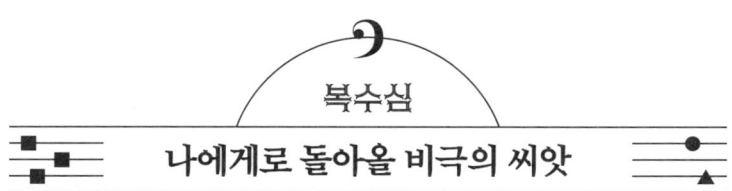

복수심

나에게로 돌아올 비극의 씨앗

베르디, 오페라 〈리골레토〉
Giuseppe Verdi, Opera 〈Rigoletto〉

어린 시절 좋아했던 만화는 대부분 '복수'를 주제로 한 것이 많았습니다. 나약했던 과거에 당한 굴욕을 갚기 위해 혹은 부모나 사부의 원수를 갚기 위해 고된 수련을 거치고 마침내 복수에 성공한다는 이야기였죠. 다소 뻔한 내용이지만 주인공이 복수에 성공하기를 기대하며 푹 빠져들었던 기억이 납니다. 복수에 성공하면 내가 만화의 주인공이 된 듯 가슴이 벅차올랐죠.

요즘이라고 다를까요? 한 세계적인 영화 제작사는 막대한 자본력을 바탕으로 만화 속 영웅들을 실사화했습니다. 각기 다른 힘과 능력치를 가진 영웅들에게 세계 팬들은 열광했고, 수많은 마니아가 생겨나며 그들만의 공고한 유니버스가 형성되었죠. 현재도 많은 시리즈가 제작, 상영되고 있는데요. 이 시리즈의 결말은 대부분 한 방향으로 나아갑니다. 고난을 이겨낸 주인공은 세계 질서를 어지럽히는 빌런을 벌하고 세상은 다시 평화를 찾는다는 내용입니다.

이 시리즈도 어린 시절 즐겨봤던 만화와 비슷한 '복수' 클리셰가 있습니다. 진부하게 느껴질 수도 있는 이 이야기에 우리는 여전히 환호합니다. 복수는 인간의 원초적인 본능이라서겠죠. 나를 괴롭히는 친구, 나를 무시하는 직장 상사, 바람난 애인이 내가 받은 고통을 똑같이 받았으면 좋겠다는 생각. 인간이라면 당연히 할 수 있습니다.

하지만 (적어도 성숙한 사회라면) 현실에서 복수를 실행하는 사람은 극히 드뭅니다. 만약 사회 구성원 모두가 자신이 당한 만큼 똑같이 갚아주려고 혈안이라면 그 사회의 법과 질서는 무너지고 세상은 혼란에 빠질 테니까요. 가문의 명예가 개인의 목숨보다 중요했던, 정의를 실현하는 것은 곧 복수라는 일차원적인 생각이 세상을 지배했던 중세시대처럼 말이죠.

그게 아니라면 현재의 우리가 일차원적인 복수를 하지 않는 이유는 자업자득, 자승자박, 인과응보. 뿌린 대로 거두고 심은 대로 거둔다는 인생사, 내가 행한 일은 언젠가 반드시 나에게 돌아온다는 또 하나의 뻔한 클리셰를 믿기 때문일까요?

주세페 베르디Giuseppe Verdi, 1813-1901는 이탈리아 낭만주의 오페라 계보의 중심축이라 할 수 있는 작곡가입니다. 로시니를 시작으로 도니체티와 벨리니에 이어 베르디가 꽃을 피운 이탈리아의 오페라는 푸치니까지 이어지며 '오페라=이탈리아'라는 공식을 만들었습니다. 그중 가장 중요한 작곡가가 누구냐 묻는다면, 단연 베르디를 꼽을 수 있습니다. 그는 87세 인생 동안 총 26편의 오페라를 작곡했는데요. 웅장한 선율과 극적인 효과, 깊고 풍부한 감정 표

주세페 베르디. 로시니에서 푸치니로 이어지는 이탈리아 오페라 계보에서 중추적인 역할을 담당했다.

현 등 전에 없던 다양한 시도를 통해 이탈리아 오페라의 아름다움을 한층 높여주었죠.

복수와 죽음이 낭자한 〈리골레토〉는 빅토르 위고의 희곡 〈환락의 왕〉에서 영감을 받아 1851년 작곡했는데요. 같은 해 베네치아의 라 페니체 극장에서 초연에 올라 베르디에게 큰 성공을 안겨주었습니다. 극은 바람기 많은 호색한 만토바 공작과 그의 바람기를 부추겨 권력의 쾌감을 즐기는 광대 리골레토가 이끌어갑니다. 공작과 리골레토는 지역 귀족들의 아내와 딸에게 치근덕대며 사람들의 공분을 사는데요. 귀족들은 절대적인 권력을 가진 공작보다 그의 뒤에 숨어 사람들을 조롱하는 리골레토에게 더 크게 분노합니다. 그러던 어느 날 딸이 공작에게 농락당했다

고 주장하는 한 귀족이 찾아와 '너도 언젠가는 아버지의 노여움을 알게 될 거'라며 리골레토에게 저주를 퍼붓습니다.

이 저주를 들은 리골레토는 마음이 불안해지기 시작합니다. 그에게도 애지중지 키운 딸 질다가 있기 때문이죠. 그런데 웬걸, 리골레토에게 앙심을 품은 귀족들이 그에게 복수하기 위해 하나뿐인 딸 질다를 납치합니다. 그리곤 만토바 공작에게 데려가죠. 만토바 공작은 언제나 그랬듯 질다의 마음을 훔치고 순결마저 빼앗습니다.

오페라 〈리골레토〉 초연 포스터. 1851년 3월 11일 베네치아의 라 페니체 극장에서 초연되었다.

이 소식을 들은 리골레토는 '아버지의 노여움'을 느끼며 분노를 참지 못하죠. 복수를 위해 청부살인업자를 시켜 만토바 공작을 죽이려고 합니다. 하지만 질다는 만토바 공작을 이미 사랑하게 되었습니다. 공작을 죽이러 온 청부살인업자를 보고는 공작을 대신해 죽임을 당하죠. 이를 모르는 리골레토는 청부살인업자에게 시신이 들어있는 자루를 건네받으며 복수에 성공했음을 기뻐합니다. 허나 자루를 열어 질다의 시신을 본 리골레토는 이렇게 울부짖습니다.

"아! 저주로다!"

리골레토의 복수는 결국 부메랑처럼 돌아와 하나뿐인 소중한 딸 질다의 목숨을 앗아갔습니다. 납치해간 딸을 돌려달라 노래하는 리골레토의 대표 아리아 '천벌을 받을 놈들Cortigiani, vil razza dannata'이 바로 이 대목에서 등장하죠. 현악기의 비극적인 도입부 선율에 이어 리골레토가 '천벌을 받을 놈들아. 내 딸을 얼마에 팔아넘긴 거냐'고 분노하며 곡이 시작되는데요. 자신의 분노가 통하지 않자 그는 '늙은 아비를 동정해달라'며 인정에 호소하기도 하고, '딸은 나의 목숨보다 귀한 존재'라며 눈물을 흘리기도 합니다. 선이 굵고 장중한 베르디의 선율은 리골레토의 비극적인 상황을 더욱 돋보이게 해주죠.

그렇다고 이 작품에 등장하는 아리아의 선율이 전부 비극적이지는 않습니다. 만토바 공작을 만난 질다가 사랑에 빠져 부르는 '사랑스러운 그 이름Caro nome', 만토바 공작의 호색한 기질을 잘 보여주는 '여자의 마음La donna e mobile' 등 밝고 유쾌한, 때로는 온화하고 서정적인 아리아도 가득하죠.

여기에 더해 3막에 등장하는 공작과 막달레나, 질다와 리골레토의 4중창 '사랑스럽고 아름다운 그대Bella figlia dell'amore'는 베르디의 천재성을 보여주는 명곡으로 꼽힙니다. 각자의 상황과 마음을 담은 네 개의 다른 선율이 서로를 방해하지 않고 조화롭게 섞여 아름다운 멜로디를 만들어 나가는데요. 작품의 원작자 빅토르 위고 역시 "내 연극에서도 오페라처럼 네 명이 동시에 말할 수 있다면 얼마나 효과적이었을까!"라며 감탄을 금치 못했다고 합니다. 이 네 곡 모두 해석된 가사와 함께 아래 QR코드에 담아두었으니, 들어가 감상해보세요.

베르디는 내면 깊숙한 곳에 숨어있는 감정을 건드릴 줄 아는 작곡가였습니다. 〈리골레토〉에서는 잘못된 복수심과 그에 따라오는 대가를 사실적으로 그려냈죠. 정의를 실현한다는 이유로 '사적 제재' 등 개인 간 복수가 만연해지는 오늘날 베르디의 〈리골레토〉가 우리에게 경종을 울리는 이유입니다. 과연 정의는 복수를 통해서만 구현되는 것일까요? 복수는 언제나 기분 좋은 쾌감으로 끝을 맺을까요?

오늘의 감정, 클래식

루치아노 파바로티(테너), 셰릴 밀른스(바리톤), 조안 서덜랜드(소프라노), 리차드 보닝(지휘), 런던 심포니 오케스트라 / 1971, DECCA

3부

—

애

(哀 슬픔)

Feelings of the day,
classical music

슬픔

온전히 느끼고, 그대로 마주하고

타레가, 전주곡 8번 가단조 〈눈물〉
Francisco Tarrega, Prelude No.8 in a minor 〈Lagrima〉

여러분은 적극적으로 슬퍼하고 있나요? 나이가 들수록 감정을 표현하는 크기가 작아지는 것을 느낍니다. 특히 '슬픔'에서 말이죠. 슬퍼도 내색하지 않고, 새어 나올까 억누르고 들킬까 숨기는 등 유독 '슬픔'에 대해서는 소극적이고 부끄러워하고, 심지어 자책까지 합니다. 하지만 슬픔이야말로 온전히 느끼고 분출해야 합니다. 슬픔을 그대로 마주하고 겪어낸 사람만이 다시 일어설 수 있기 때문이죠. 그런 후에야 비로소 다른 감정이 찾아올 수 있습니다. 슬픔은 다른 감정을 집어삼키는 속성이 있어 그것이 남아있는 상태에서는 다른 감정을 온전히 느낄 수가 없습니다.

슬픔을 온전히 겪어내고 있다는 확실한 증거가 '눈물'입니다. 눈물이 곧 슬픔을 가리키지는 않지만 슬픔에는 대부분 눈물이 따라옵니다. 눈물을 흘린 뒤 오히려 마음이 후련해졌던 경험, 다들 있지요? 눈물은 슬픔을 분출하는 데 매우 효과가 큽니다. 한바탕 눈물을 흘리고 슬픔을 씻어내야 세상을 더 또렷하게 바라볼 수 있습니다.

Lagrima는 스페인어로 '눈물'이란 뜻입니다. 프란시스코 타레가Francisco Tarrega, 1852-1909의 작품 제목이기도 하죠. 타레가라는 이름이 조금 생소하게 느껴지나요? 아마 〈알람브라 궁전의 추억〉이란 작품은 들어봤을 겁니다. 이 곡 또한 타레가가 작곡한 클래식 기타 연주곡입니다.

흔히 클래식 기타와 포크 기타(통기타)를 혼동하는데요. 두 악기는 외관상 상당히 비슷해 보이지만 넥과 헤드, 브릿지 등 여러 부분에서 차이가 있습니다. 그중 기타 줄(현)이 차이가 가장 큰데요. 포크 기타의 경우 스틸 현을 사용하는 반면, 클래식 기타는 나일론 줄을 사용합니다. 두 악기의 음색에 크게 영향을 미치는 부분이죠. 스틸 현의 포크 기타는 단단하면서도 넓게 퍼지는 음색을, 나일론

클래식 기타. 통기타와 비슷하게 생겼지만 넥, 헤드, 브릿지 등의 생김새는 물론 음색에도 큰 차이가 있다.

줄의 클래식 기타는 맑고 부드러운 음색을 지녔습니다.

타레가는 19세기 후반 스페인을 대표하는 클래식 기타리스트이자 작곡가입니다. 경이로운 테크닉의 연주 실력과 기타의 표현 가능성을 극한으로 연구해 기타 음악의 획기적인 발전을 이루어낸 인물로 평가받고 있죠. 그도 그럴 것이 19세기로 접어들며 기타는 피아노와 오케스트라 악기의 발전으로 점점 쇠퇴의 길을 걸어가고 있었습니

프란시스코 타레가. 〈알람브라 궁전의 추억〉으로
유명한 스페인의 작곡가이자 기타 연주자.

다. 웅장한 오케스트라 악기에 비해 볼륨이 크지 않은 터라 대규모 극장에서의 연주에 부적합했고, 결국 노래나 춤을 위한 반주 혹은 대중의 유희용 악기로 전락할 수밖에 없었기 때문입니다.

취미로 기타를 연주하던 아버지의 영향으로 어린 시절부터 기타와 친숙했던 타레가는 열 살이 채 되기 전 본격적인 레슨을 받으며 기타리스트의 꿈을 키워갔습니다. 타고난 재능과 꾸준한 노력으로 어느새 유럽을 대표하는 클래식 기타리스트로 성장한 그는 작은 볼륨과 단조로운 음색, 그로 인한 연주의 한계 등 기타가 가지고 있는 근본적인 단점에 주목했죠. 그래서 풍부한 음

색과 음량을 구현하면서 트레몰로■ 등 표현의 한계를 넓히고 새로운 주법을 완성시키는 등 기타의 발전을 위한 온갖 노력을 기울였습니다. 그 덕분에 클래식 기타가 오늘날까지 연주될 수 있었던 것입니다.

타레가의 대표적인 작품 중 하나가 바로 〈눈물〉입니다. 프랑스와 스위스 등 전 유럽을 다니며 무대에 올랐던 타레가가 영국에 방문했을 때 작곡한 곡입니다. 타레가는 영국 특유의 우중충한 날씨와 분위기에 적응이 안 돼 늘 우울함에 젖어 있었고 나중엔 향수병까지 앓았다고 합니다. 이는 당연히 연주에도 영향을 미쳤죠. 어느 날 공연을 마친 타레가의 얼굴이 좋지 않자 사람들은 무슨 일이 있냐며 안부를 물었습니다. 이에 자신의 심경을 이야기하니 사람들은 그 감정을 곡으로 써보라며 권유했고, 그렇게 작곡된 곡이 〈눈물〉입니다.

2분여의 단순하면서도 짧은 이 소품곡은 타레가의 서정적인 면모가 잘 드러난다는 평가를 받고 있습니다. 마장조와 마단조, 다시 마장조로 돌아가는 전형적인 'ABA' 3부 형식의 곡으로 평화롭고 선율적인 장조(A) 부분과 조금 더 격정적이고 짙은 표현력이 요구되는 단조(B) 부분의 대비가 돋보이는 작품이죠. 클래식 기타를 연주하는 사람이라면 한 번쯤은 거쳐 가는 곡이면서

■ tremolo. 같은 음을 빠르게 규칙적으로 떨리듯 연주하는 주법.

여러 매체에서도 자주 흘러나와 우리의 귀에도 익숙한 곡입니다.

지난날을 되돌아보면 문득 슬픔이 사무치는 순간이 있습니다. 채 쏟아내지 못한 슬픔이 켜켜이 쌓여 마음에 남아있을 땐 눈물을 흘려보세요. 혼자여도 좋고 함께여도 좋습니다. 충분한 눈물을 흘려본 사람만이 충분한 웃음을 되찾을 수 있습니다. 웃었다가 울었다가 결국엔 다시 웃는 것이 인생 아니겠습니까?

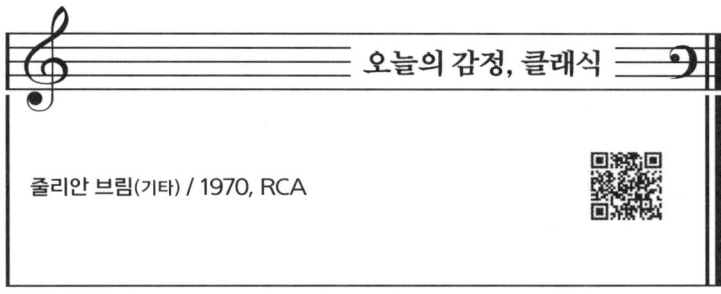

오늘의 감정, 클래식

줄리안 브림(기타) / 1970, RCA

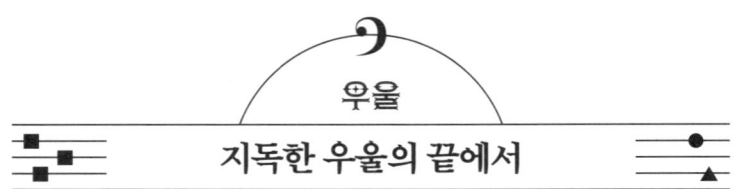

우울

지독한 우울의 끝에서

라흐마니노프, 피아노 협주곡 2번 다단조 Op.18
Sergei Rachmaninoff, Piano Concerto No.2 in c minor Op.18

'우울'은 죽고 싶은 생각이 들 정도 혹은 죽을 만큼 힘든 마음
인 줄 알았습니다. 그러나 막상 경험하니 그런 것이 아니었습니
다. 우울은 '무기력'이었습니다. 아무것도 하기 싫고, 아무것도
못 하겠고, 현실에서 도망쳐 영영 아무도 찾지 못하는 곳으로 누
가 좀 데려다주었으면 하는 마음. 그게 우울이었습니다.

침대 밖으로 나오는 한 걸음이 세상 어떤 일보다 힘들고 무거
웠습니다. 현실에서 벗어날 수 있는 제일 쉬운 방법이 '잠'이더
라고요. 온종일 자고 또 잤습니다. 그러다 도저히 잠이 안 올 때
면 핸드폰 속 조그마한 세상에 나를 밀어 넣고 현실을 잊으려 발
버둥 쳤습니다. 점점 망가져 간다고 느꼈지만 어찌해볼 도리가
없었습니다. 그냥 증발해 버리고 싶은 마음뿐이었죠. 이게 우울

이었고 저는 이 깊은 우울감에 잠식된 채 의미 없이 하루하루를 죽이고 있었습니다.

> 인간에게 모든 것을 빼앗아 갈 수 있어도 단 한 가지, 마지막 남은
> 인간의 자유, 주어진 환경에서 자신의 태도를 결정하고, 자기 자신
> 의 길을 선택할 수 있는 자유만은 빼앗을 수 없다.
> - 빅터 프랭클 《죽음의 수용소에서》 중

 인생의 커다란 변화는 의외로 작은 문장 하나에서 시작될 수 있습니다. 저에겐 위의 문장이 그랬죠. 사실 《죽음의 수용소에서》라는 책을 읽어본 것은 아닙니다. 여느 날과 마찬가지로 유튜브를 틀어놓고 시간을 축내던 중 자동으로 넘어간 영상에서 듣게 된 문장이었죠. 처음엔 크게 와닿지 않았습니다. 여전히 무기력하고 깊은 우울감에 허덕이고 있었죠. 그런데 하루, 이틀이 지나도 저 문장이 머리에서 떠나질 않는 겁니다. 무슨 의미인지 계속 곱씹어보게 되더라고요. 그리고 나니 마음속 깊은 곳에서 이런 생각이 떠올랐습니다. 어떤 상황이 오더라도 그걸 해석하고 결정하는 건 결국 나 자신이구나!
 억압과 통제, 죽음이 가득했던 아우슈비츠 수용소조차 수용자의 마음가짐과 태도를 선택할 자유만큼은 빼앗을 수 없었다고 이야기하는 빅터 프랭클 박사의 이야기. 이는 깊은 우울감에 빠져 삶에 의지를 잃어가던 제 마음에 변화를 주기 충분했습니

다. 물론 단번에 드라마틱한 변화가 일어난 것은 아닙니다. 일단 마음가짐을 바꿔보았고, 다음 날엔 침대에서 일어나 보았고, 그 다음 날엔 방문을, 그리고 집 밖을, 나아가 동네를 걸어보았고, 친구를 만났고, 멈췄던 운동을 시작하니 어느새 일상으로 돌아 올 수 있었죠.

'우울'에 대해 이야기하다 보니 러시아 작곡가이자 당대 최고 의 피아니스트 세르게이 라흐마니노프Sergei Rachmaninoff, 1873-1943 가 떠오릅니다. 라흐마니노프는 어린 시절부터 음악적 재능을 보이며 두각을 나타냈습니다. 타고난 재능에 모스크바 음악원 이라는 당대 최고의 엘리트 교육까지 더해지니 실력은 '일취월 장'했죠.

작곡에 대한 자신감도 갈수록 높아져 패기 넘치는 행보를 보 였는데요. 대규모 오케스트라 구성이 필요한 협주곡은 어느 정 도 경력을 쌓은 후 작곡하는 것이 일반적이지만 그는 학생 신분 으로, 그것도 작품번호 1번으로 피아노 협주곡을 덜컥 발표했습 니다. 게다가 이 협주곡의 수정을 제안한 교수에게 오히려 교수 님의 지휘에 문제가 있다며 수정을 거절했죠. 또 라흐마니노프 는 1막 구성의 짧은 오페라 〈알레코〉를 작곡하여 당시 음악원 교 수였던 차이콥스키에게 극찬을 받았습니다. 그는 이 작품으로 금메달(최고상)을 받으며 모스크바 음악원을 수석으로 졸업했죠.

넘치는 자신감에 걸맞은 작품의 연속이었던 학창 시절을 보낸 라흐마니노프의 패기와 자신감은 절정에 다다랐습니다. 그런 그가 학생 신분을 벗어났을 때 선택한 첫 번째 장르는 교향곡. 그는 음악적 능력을 총동원해서 야심 차게 교향곡 1번을 세상에 내놓습니다.

> 모세가 이집트에 내린 일곱 가지 재앙을 보는 듯하다. 빈곤한 주제
> 와 왜곡된 리듬, 곡 전체를 뒤덮는 우울함은 지옥에 있는 음악학교
> 에서나 들을 법하다.
> - 세자르 큐이(음악 평론가)

교향곡 1번에 내려진 평가입니다. 라흐마니노프는 정신적으로 큰 충격을 받습니다. 처참한 실패를 거두었으니 하늘 높은 줄 몰랐던 자신감은 순식간에 곤두박질쳤죠. "화려한 경력을 쌓으려던 내 꿈은 산산조각이 났다. 금방이라도 발작을 일으키고 기절할 것처럼 멍한 나날을 보냈다."라는 기록처럼 라흐마니노프에겐 지독한 우울의 시간이 찾아옵니다.

3, 4년간 작곡 활동을 전혀 하지 못할 정도로 극심한 우울증에 시달렸던 라흐마니노프. 그에게도 긴 우울의 시기를 극복하게 해준 문장이 있었습니다. "당신은 곧 새로운 협주곡을 작곡할 것이며, 그 곡은 큰 성공을 거둘 것입니다."라는 아주 단순한 문장이었죠. 정신의학박사였던 니콜라이 달 박사가 우울증 치료를 위해 찾아온 라흐마니노프에게 최면을 걸고 이 문장을 반복해

라흐마니노프 피아노 협주곡 2번 도입부. 왼손의 저음 타건이 마치 우울증을 겪던 시절 느낀 부정적인 감정을 꾹꾹 눌러 표현하는 듯하다.

서 말했다고 합니다. 최면 요법의 일종인 '자기 암시요법'이었죠.

단순한 치료법이었지만 효과는 놀라웠습니다. 긍정의 문장을 반복적으로 접한 라흐마니노프는 점차 자신감을 회복했고 다시 작곡에 돌입합니다. 그리고 새 작품을 세상에 발표하죠. 길고 긴 우울의 끝을 알리는 피아노 협주곡 2번이었습니다.

라흐마니노프의 피아노 협주곡 2번의 1악장은 '크렘린 궁전의 종소리'라 불리는 묵직한 피아노 독주로 시작됩니다. 마치 긴 우울의 시간 겪었던 부정적인 감정을 꾹꾹 눌러 담은 듯한, 한번 들으면 절대 잊을 수 없는 도입부입니다. 피아노의 짧은 도입부 이후 합쳐지는 오케스트라의 선율은 러시아의 애수를 그대로 옮겨놓은 듯 장대하게 펼쳐집니다. 애수 넘치는 첫 번째 주제 선율과 서정적인 두 번째 주제 선율의 대비와 조화를 느낄 수 있습니다. 이어지는 2악장은 플루트와 클라리넷의 서정적인 연주, 그 위에 얹어지는 피아노의 유려한 선율, 절로 가슴이 먹먹해지는 후반부의 오케스트라 사운드까지. 한순간도 그냥 흘려보낼

곳이 없는 라흐마니노프만의 서정성이 몹시 뛰어난 악장입니다.

경쾌한 리듬으로 시작되는 3악장은 '그럼에도 살아가 봅시다!'라고 이야기하는 듯합니다. 앞선 악장에서의 슬픔, 애수, 먹먹함을 모조리 날려버리는 힘차고 웅장한 악장이죠. 마치 긴 우울의 끝에서 화려하게 부활한 라흐마니노프 자신의 모습을 그리는 듯합니다. 이 곡은 깊은 우울에서 시작해 가슴 벅찬 승리의 선율로 마무리됩니다. 라흐마니노프의 피아노 협주곡 2번은 초연부터 엄청난 찬사를 받았고 지금도 전 세계적으로 사랑받는 피아노 협주곡 중 하나가 되었습니다.

저 또한 겪어봤기에 누구보다 잘 알고 있습니다. 우울을 겪지 못한 사람은 그저 어렴풋한 느낌으로만 우울함에 대해 이야기할 수밖에 없다는 것을요. 라흐마니노프의 음악이 우리에게 큰 위로를 주는 이유가 여기에 있습니다. 그도 누구보다 깊은 우울을 경험했으니까요. 부디 라흐마니노프의 피아노 협주곡 2번이 우울의 한복판에 있는 누군가의 마음에 조금이라도 닿을 수 있길 간절히 바라봅니다.

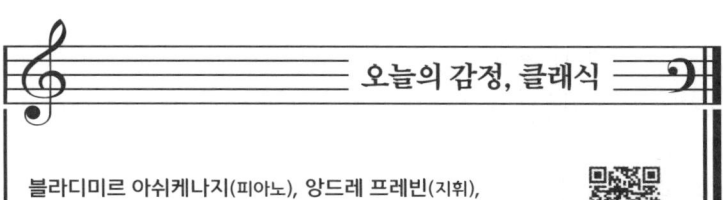

오늘의 감정, 클래식

블라디미르 아쉬케나지(피아노), 앙드레 프레빈(지휘),
런던 심포니 오케스트라 / 1970, DECCA

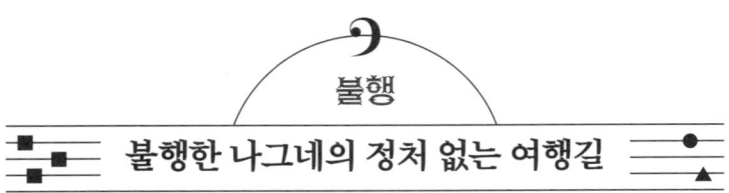

불행

불행한 나그네의 정처 없는 여행길

슈베르트, 《겨울나그네》 D.911

Franz Schubert, 《Winterreise》 D.911

행복한 가정은 서로 닮았지만,

불행한 가정은 저마다의 이유로 불행하다.

- 《안나 카레니나》의 첫 문장

불행이란 감정이 유독 조심스러운 이유는 불행이야말로 저마다의 이유가 모두 다르기 때문입니다. 제가 겪은 불행과 여러분이 겪은 불행의 모습은 전부 다를 겁니다. 제가 어찌 그 깊이를 가늠하겠느냐만 불행에 대해 감히 이렇게 이야기해보겠습니다.

"불행도 결국 내 인생이다."

불행은 언뜻 생각해보면 행복의 반대말 같지만 그렇게 단순하지 않습니다. 단발적인 감정이 아닌 인생의 어떤 시기를 아우르는 조금 더 길고 깊은, 어딘가 다른 차원의 감정입니다. 기쁘고 즐겁고 만족스러운 경험을 할 때 우리는 '나 너무 행복해'라고 표현하지만, 기쁘거나 즐겁지 않고 만족스럽지 않은 경험이라고 반드시 '불행'과 직결되진 않으니까요.

　고통은 단순히 '난 행복하지 않아'의 차원을 넘어 한 사람의 삶을 망가뜨릴 수 있을 정도로 커다랗게 다가오기도 합니다. 그래서 불행은 고통입니다. 피하고 싶습니다. 더군다나 인생을 송두리째 바꿔 놓을 정도의 불행이라면 차라리 눈을 질끈 감아버리고 싶습니다. 하지만 여러분도 잘 알고 있을 테지요? 불행이 없는 인생은 없다는걸요. 숨도 쉬기 힘들 정도의 불행부터 의연하게 웃고 일어날 수 있는 불행까지 삶은 크고 작은 불행, 즉 고통의 연속입니다.

나를 죽이지 못하는 고통은 나를 더욱 강하게 만든다.

\- 프리드리히 니체

　사는 게 고통스럽고 내 인생이 불행하다고 느껴질 때 마음속으로 수도 없이 되뇌는 문장입니다. 이 고통이 나를 죽일 정도가 아니라면 시간이 얼마나 걸리든 결국 나는 더 강해질 거라 외우고 또 외우죠.

　생각해보면 삶은 시작되는 순간부터 이미 고통입니다. 엄마의 뱃속을 박차고 나오던 그때부터 지금까지 삶은 고통의 연속이었습니다. 달라진 점이 있다면 가벼운 고통쯤은 의연히 받아들일 수 있게 되었다는 것이죠. 지금의 제 모습은 저를 찾아온 고통, 즉 '불행'과 함께 만들어졌습니다. 수많은 불행을 거치며 성숙해졌고, 응시하며 단단해졌고, 딛고 일어나며 더 깊은 사람이 되었습니다. 만약 제 인생에 행복만 가득했다면 지금의 저는 없겠죠. 이 글과 이 책까지 제 인생의 절반은 제게 찾아온 불행의 소산입니다. 그래서 결국 불행도 내 인생이라 한 겁니다.

앞서 톨스토이의 소설《안나 카레니나》에서 불행에는 저마다의 이유가 있다고 했습니다. 사랑하는 연인에게 이별의 말을 듣는다면 이 또한 큰 고통이자 불행일 겁니다. 마침 여기 불행에 빠진 한 청년이 있습니다. 뼛속까지 시린 겨울, 이별한 연인에게 안녕을 고한 뒤 정처 없는 여정을 떠나는 그의 이야기로 함께 들어가 볼까요?

'가곡의 왕' 슈베르트가 세상을 떠나기 1년 전 작곡한《겨울 나그네》는 빌헬름 밀러의 시에 곡을 붙인 24곡 구성의 연가곡입니다. 실연당한 청년의 여정을 그린만큼 작품의 분위기는 전체적으로 어둡고 우울한데요. 대부분 단조로 구성되어 있습니다. 이는 병증이 심해져 죽음이 머지않았음을 짐작한 당시 슈베르트의 상황과 깊은 연관이 있죠. 그는 마치 자신이 눈과 얼음, 차가운 바람뿐인 삶의 끝자락을 헤매는 듯《겨울 나그네》의 선율을 더욱 절망적으로 표현하기에 이르렀습니다.

그대의 문에 '안녕'이라 적어놓은 뒤 그대로 떠나가리라.

그러면 그대도 알게 되겠지, 내가 그대를 생각했음을.

- 《겨울 나그네》 1번 곡 'Gute Nacht' 중

청년의 여정은 이별을 말한 연인의 집 앞에서 시작됩니다(1번 안녕히Gute Nacht). 뚜렷한 목적지 없이 갑작스레 시작된 청년의 여정엔 온갖 불행과 고통이 따라옵니다. 따뜻한 꿈과 차가운 현실의 경계를 넘나들기도 하고(11번 봄의 꿈Frühlingstraum), 시체를 쪼아먹는 불길한 까마귀를 만나기도 하고(15번 까마귀Die Krähe), 간신히 도착한 한 마을에서 개들에게 내쫓김을 당하기도 하죠(17번 마을에서Im Dorfe).

이밖에 보리수(5번 보리수Der Lindenbaum), 도깨비불(9번 도깨비불Irrlicht), 환영의 태양(23번 환영의 태양Die Nebensonnen) 등 청년

빌헬름 뮐러. 슈베르트의 《겨울나그네》는 빌헬름 뮐러의 시에 곡을 붙인 것이다.

이 마주하는 것들은 모두 그의 앞날이 희망적이지 않음을 나타내는 죽음의 매개들입니다. 하지만 청년은 자신에게 드리운 어두운 그림자를 외면하지 않습니다. 그저 묵묵히 한 걸음, 한 걸음 나아갈 뿐이죠.

《겨울 나그네》의 어둡고 절망적인 이미지는 피아노 반주로 더욱 극대화됩니다. 슈베르트 이전의 가곡에서 피아노는 그저 성악가의 노래를 받쳐주는 '반주'의 역할뿐이었습니다. 노래하는 성악가보다 피아노가 돋보여선 안 된다고 생각했기 때문입니다. 슈베르트는 이런 고정관념을 깨트렸습니다. 피아노의 역할을 성악과 동등하게 때로는 그 이상으로 끌어올렸죠. 슈베르트의 가곡에선 피아노가 주체적으로 독립적인 선율을 연주하는 것을 자주 들어볼 수 있는데요. 곡 전반의 분위기를 형성하기도 하고, 주제 선율을 먼저 제시하기도 하고, 심지어 시의 내용을 적극적으로 표현하기도 합니다. 성악과 피아노가 함께 시를 표현하니 가곡은 더욱 다채롭고 풍성해졌죠. 슈베르트가 진정한 의미의 '가곡의 왕'이라 불리는 이유가 바로 이것입니다.

다시 《겨울 나그네》의 이야기로 돌아와, 죽음의 매개들을 끊임없이 마주치며 앞으로 나아간 청년은 드디어 마을의 끝자락 늙은 거리의 악사를 만나며 발걸음을 멈춥니다. 얼어붙은 손과 발, 아무도 거들떠보지 않는 연주, 비어있는 작은 접시까지. 늙은 악사 역시 불행의 그림자가 짙게 드리운 인물이었죠.

기이한 노인이여, 내가 그대와 함께 가리오?
내 노래에 맞춰 당신의 손풍금을 연주해주겠소?
- 《겨울 나그네》 24번 'Der Leiermann' 중

청년은 자신과 비슷한 처지에 있는 이 악사에게 알 수 없는 동질감을 느낍니다. 그리고 악사에게 자신과 동행할 것을 제안합니다. 나와 함께 가자며, 나의 노래에 손풍금을 연주해달라면서요(24번 거리의 악사Der Leiermann).《겨울 나그네》속 청년의 이야기는 이렇게 마무리됩니다.

슈베르트는 '우울하다'라는 주변의 평가에도《겨울 나그네》에 각별한 애정을 보였다고 합니다. 돈과 명예, 권력보다 오직 음악과 그 음악을 함께 나눌 수 있는 친구들이 세상의 전부였던 슈베르트.《겨울 나그네》속 선율이 더 우울하게 들리는 이유는 작품 속 청년의 모습이 슈베르트를 닮아있어서는 아닐까요.

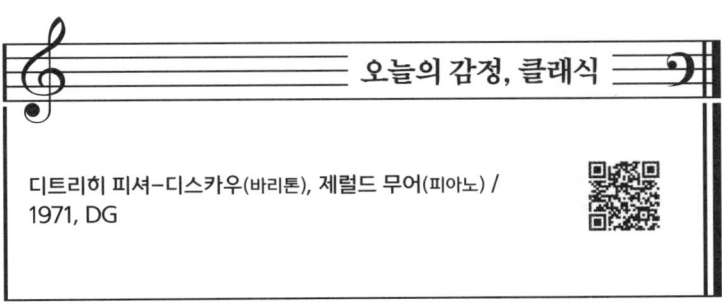

오늘의 감정, 클래식

디트리히 피셔-디스카우(바리톤), 제럴드 무어(피아노) /
1971, DG

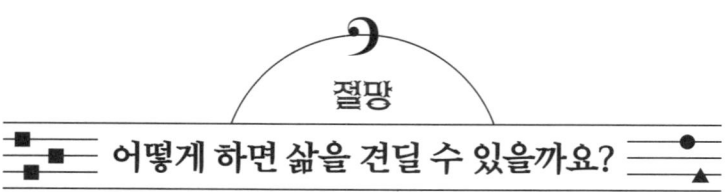

절망

어떻게 하면 삶을 견딜 수 있을까요?

오펜바흐, 〈숲의 하모니〉 Op. 76 No.2 '재클린의 눈물'
Jacques Offenbach, 〈Les Harmonies des Bois〉 Op.76 No.2
'Les Larmes de Jacqueline'

산다는 건 곧 수많은 변수와 마주친다는 것을 의미합니다. 변수는 충분히 예상할 수도 있지만 일반적으로 예상치 못한 곳에서 그것도 아주 급작스럽게 찾아오기 마련이죠. 자신이 사고를 당할 거라 생각하는 사람은 없습니다. 하지만 당장 내일이라도 사고가 나지 않을 것이라고 확신할 수도 없습니다. 사고는 언제나 예상치 못한 곳에서 예상치 못한 순간 찾아오니까요. 이처럼 예상치 못한 변수가 우리의 삶을 급습했을 때, 그리고 그 거대한 변수 앞에서 아무것도 할 수 없다는 처절한 무력감을 느낄 때 '절망'은 찾아옵니다.

절망은 '제로(0)' 아니면 '백(100)'입니다. 절반의 희망과 절반의 절망이란 것이 있을까요? 다만 실낱같은 희망이라도 있다면 절망은 우리의 마음에 발을 디딜 수 없습니다(0). 일말의 희망도 없는 순간 절망은 마음을 가득(100) 채우죠. 절망에 빠진 사람은 그 늪에서 빠져나오기가 힘듭니다. 인생을 뒤흔드는 사건이 찾아왔을 때 왜 하필 나냐며, 왜 하필 내 인생이냐며 원망을 토해내죠. 그러다 그마저도 소용없다는 것을 느끼면 기대와 희망을 저버리고 삶을 체념하기도 합니다. 이렇듯 절망은 삶과 죽음을 교차할 정도로 위험합니다.

"어떻게 하면 삶을 견딜 수 있을까요?" 절망의 끝자락에서 토해내듯 내뱉은 한 첼로 연주자의 말에 가슴이 미어지는 듯합니다. 도대체 어떤 삶을 살았길래, 삶에 어떤 변수가, 어떤 절망이 찾아왔길래 이토록 가슴 아픈 물음을 내뱉은 것일까요? 영국의 첼리스트 재클린 뒤 프레*Jacqueline du Pré, 1945-1987*의 삶으로 들어가 보겠습니다.

재클린 뒤 프레는 1945년 영국의 옥스퍼드에서 태어났습니다. 그녀는 라디오에서 흐르는 첼로 선율을 듣고 첼리스트의 꿈을 키우는데요. 이때 나이가 불과 다섯 살이었다고 합니다. 런던 첼로 학교를 시작으로 그녀는 윌리엄 플리스, 파블로 카살스, 로스트로포비치 등 세계를 대표하는 거장 첼리스트들에게 가르침을 받으며 실력을 쌓아 나갔습니다. 그 뒤로 여러 연주회와 대회를 종횡무진 휩쓸며 음악계와 대중에 재클린이라는 이름을 톡톡히 각인시켰죠. 그중 1963년 말콤 서전트가 지휘한 BBC 심포니 오케스트라와의 프롬 연주회_BBC Proms_는 뒤 프레의 인생에서 최고의 연주로 손꼽히는데요. 무명의 협주곡이었던 엘가의 첼로 협주곡▪를 과감하게 선택하여 모두의 우려가 기우였음을 선포하듯 역사에 남을 만한 명연주를 펼쳤습니다. 이를 계기로 뒤 프레의 명성은 영국을 넘어 전 세계로 뻗어나갑니다. 런던 필하모닉, 뉴욕 필하모닉 등 세계 굴지의 오케스트라와 협연하고 녹음하여 음반을 발표했죠. 신동이라 불리던 뒤 프레는 일찌감치 첼로 거장이 되어 전 세계를 누비는 첼리스트가 되었습니다.

탄탄대로를 달리던 뒤 프레에게 사랑이 찾아왔습니다. 상대는 당시 신예 지휘자로 막 떠오르던 피아니스트 다니엘 바렌보임. 처음 만난 순간부터 운명적인 끌림을 느꼈고, 이듬해인 1967년 결혼식을 올립니다. 뒤 프레의 지인들은 바렌보임이 그녀에 비해 인지도가 낮고 유대인이라는 이유로 결혼을 만류했지만 그녀는 유대교로 개종하면서까지 열렬하게 사랑했습니다.

두 천재의 결혼은 '슈만과 클라라' 이후 최고의 음악가 부부라는 축복을 받을 정도로 음악계에도 큰 화두가 되었습니다. 결혼 이후 둘은 따로 또 같이 왕성한 활동을 펼쳤고, 특히 함께 오른 무대에서는 최상의 연주를 쏟아내며 클래식 음악계 최고의 듀오로 명성을 날렸죠. 뒤 프레가 명연주를 펼치던, 그야말로 인생의 황금기라 부를 수 있는 시기였습니다.

▪ 엘가의 첼로 협주곡 마단조 Op.85(Cello Concerto in e minor, Op. 85)

이번 감정의 주제가 '절망'이라는 걸 기억한다면 아마 글을 읽는 내내 불안한 마음이 들텐데요. 결국 재클린 뒤 프레에게 절망이 찾아옵니다. 다발성 경화증. 이름조차 생소한 이 질환은 뇌와 척수, 시신경으로 구성된 중추신경계에 발생하는 염증성 질환으로 신체 마비, 시각장애, 이상 감각 등의 증상을 동반한다고 합니다. 뒤 프레에게 찾아온 첫 번째 절망이었습니다.

어느 날부터 악보가 잘 보이지 않고 리허설 중 쓰러지는가 하면 손가락에 힘이 없어 활을 놓치는 사태까지 벌어졌습니다. 연주에 집중하지 못하고 심각한 실수가 연이어 나오자 그녀의 평가는 곤두박질쳤습니다. 바렌보임도 정신력에 문제가 있다며 그녀를 다그쳤죠. 하지만 원인은 집중력도 정신력도 아닌 '다발성 경화증'이었습니다. 악기를 연주하는 사람에게 신체 마비가 온다는 것은 연주자로서의 생명이 곧 끝남을 의미합니다. 주변의 만류에도 연주와 음반 작업을 강행했지만, 결국 그녀는 1973년 모든 음악 활동을 중단하고 투병 생활에 들어갔습니다.

연주자로서 최고의 나날을 보내던 순간 예기치 않게 찾아온 질병도 큰 절망이었지만, 그녀의 삶에 찾아온 진짜 절망은 남편 바렌보임의 외도였습니다. 힘든 투병 생활을 견디는 뒤 프레와 달리 바렌보임은 파리 오케스트라의 지휘를 맡는 등 자신의 음악 커리어를 계속해서 쌓아가고 있었습니다. 그러다가 러시아 출신의 피아니스트 엘레나 바쉬키로바를 만나 동거를 시작했고, 뒤 프레에게는 이혼을 요구했죠. 그녀는 이 요구를 들어주

천재적인 재능과 노력으로 세계적인 첼리스트의 반열에 올랐지만 갑작스럽게 찾아온 다발성 경화증으로 42세라는 젊은 나이에 세상을 떠난 재클린 뒤 프레.

지 않았습니다. 하지만 그녀의 증상은 점점 악화하였고 이미 떠난 바렌보임의 마음을 돌릴 수는 없었습니다. 이 시기 그녀는 사람들에게 '어떻게 하면 삶을 견딜 수 있느냐'는 물음을 자주 던졌다고 합니다. 그러나 이 절망 섞인 물음에 대한 해답을 얻지 못한 채 그녀는 1987년 42세의 나이로 생을 마감합니다.

첼로 신동으로 시작해 성공 가도를 달리다가 갑작스레 찾아온 질병과 남편의 외도. 절망으로 점철된 그녀의 인생을 보며 첼리스트 베르너 토마스는 그녀의 삶을 기리는 곡을 헌정했습니다. 바로 '재클린의 눈물'입니다. 원래 이 곡은 오펜바흐*Jacques Offenbach, 1819-1880*의 미발표곡이었는데요. 이 곡을 발굴한 베르너 토마스는 구슬프고 처연한 선율에 뒤 프레의 삶을 떠올렸고 작품에 '재클린의 눈물'이란 이름을 붙여 뒤 프레에게 헌정했죠.

피아노 반주 위로 첼로의 묵직한 저음이 마치 절망에 절망이 겹친 뒤 프레의 삶을 노래하는 듯합니다. 끊어질 듯 끊어지지 않는 애잔한 선율이 때로 여리게, 때로 거침없이 이어지죠. 터져 나오는 억울함과 원망, 절망의 감정을 가까스로 참아내던 선율은 마침내 곡의 후반부에서 격정적인 고음으로 승화된 뒤 다시금 고요하게 마무리됩니다. 가장 밀도 높은 슬픔인 '절망'을 표현할 수 있는 유일한 곡이 아닐까 싶습니다.

> 첼로는 외로운 악기다. 다른 악기나 지휘자가 있는 오케스트라가 필요하다. 그렇기에 첼로가 음악을 완성하기 위해서는 강한 유대를 가진 동료가 필요하다. 나는 운이 좋아 다니엘을 만났고, 그의 도움 덕분에 연주하고 싶었던 곡들을 거의 음반에 담을 수 있었다.
>
> - 투병 생활 중 재클린 뒤 프레의 말

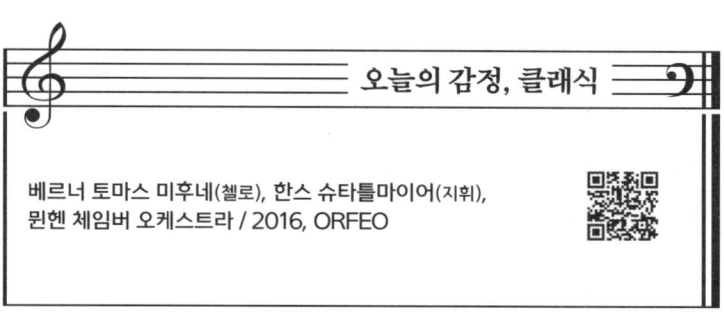

오늘의 감정, 클래식

베르너 토마스 미후네(첼로), 한스 슈타틀마이어(지휘), 뮌헨 체임버 오케스트라 / 2016, ORFEO

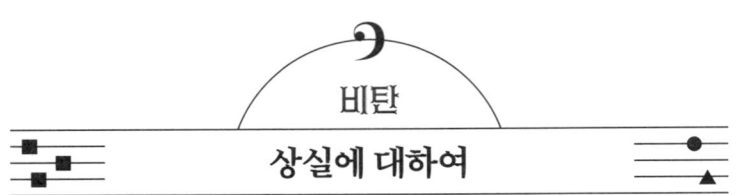

브람스, 〈독일 레퀴엠〉 Op.45
Johannes Brahms, 〈Ein Deutsches Requiem〉 Op.45

세상엔 다양한 이별이 있습니다. 일방적인 이별, 합의된 이별, 기약 없는 이별, 잠깐의 이별, 그리고 영원한 이별. 이중 '몹시 슬퍼하며 탄식'하는 비탄의 감정을 불러오는 이별은 '영원한 이별'이 아닐까요? 생각하고 싶지 않고 애써 외면하고 싶은 이별. 하지만 살아가는 모두가 겪을 수밖에 없고 언젠가 내가 당사자가 될 그런 이별. 우리가 예측할 수 있는 유일한 미래, 바로 '죽음'입니다.

우리는 당연하지 않은 것을 너무나도 쉽게 당연하다고 생각하며 살아갑니다. 부모님과 가족, 친구, 연인 등 나와 가까이에 있는 사람들이 언제까지나 옆에 있어 줄 것처럼 살아가죠. 그러다가 당연하지 않은 이별이 눈앞에 다가오면 그제야 지난날을 뉘우치고 후회하길 반복합니다. 당연했던 사람이 영원히 우리 곁을 떠날 때, 슬픔에 탄식이 더해진 '비탄'이 찾아옵니다. 죽음 앞에서 비탄의 감정은 남은 사람의 몫이죠. 슬픔에 탄식이 더해지는 것. 이 탄식엔 많은 의미가 담겨 있습니다. 후회나 회한, 동정이나 연민, 그리움과 괴로움, 때로는 미움이 섞여 있을 수도, 아니면 슬픔에 슬픔이 더해져 나올 수도 있겠죠.

언젠가 소중한 사람과 이별하는 순간 저에게도 비탄이 찾아올 겁니다. 언젠가 꼭 한 번 겪어야 한다면, 그때 제가 내뱉는 탄식은 적어도 후회나 회한은 아니었으면 좋겠습니다. 당연하지 않았다는 것을 뒤늦게 깨닫는 후회보다 이제 다시는 볼 수 없다는 그리움과 마음을 표현할 길이 없어 내뱉는 슬픔의 탄식이었으면 좋겠습니다. 그런 비탄이라면 차라리 받아들일 수 있을 것 같아요. 누구든 마지막 순간이 죽음이라는 것은 거스를 수 없는 순리니까요.

죽음에 관한 이야기를 하고 있자니 자연스레 '레퀴엠'이 떠오릅니다. 레퀴엠은 죽은 이의 영원한 안식을 바라는 가톨릭 위령미사에서의 음악을 지칭하는데요. 첫 번째 곡인 입당송의 가사가 "Requiem aeternam dona eis Domine(주여, 그들에게 영원한 안식을 주소서)"로 시작하기 때문에 '레퀴엠'이라 부르게 된 것입니다.

영원한 이별을 겪은 후 느낄 수 있는 '비탄'. 마침 여기 죽은 이가 아닌 산 사람을 위해 작곡한 특별한 레퀴엠이 있습니다. 소중한 이를 언젠가 떠나보내야 하는, 현재를 살아가는 우리 모두를 위한 레퀴엠. 요하네스 브람스Johannes Brahms, 1833-1897의 〈독일 레퀴엠〉입니다.

브람스의 생애 전반에는 슈만의 영향이 짙게 배어 있습니다. 무명의 브람스를 발견한 뒤 스승을 자처하며 세상에 알린 사람이 슈만이었고 연주가 아닌 작곡에 집중하게끔 이끌어준 사람 역시 슈만이었죠. 또 훗날 슈만의 아내 클라라를 사랑하게 된 브람스가 주옥같은 명곡을 대거 작곡했으니, 슈만은 단순한 스승 그 이상의 의미가 있습니다.

이번에 소개할 〈독일 레퀴엠〉은 슈만의 죽음에서 작곡의 동기를 얻었다는 설이 유력합니다. 1856년 슈만이 세상을 떠났다는 소식은 브람스에게도 큰 충격을 안겨 주었는데요. 죽음 소식보다 브람스의 마음을 더 괴롭게 만든 건 싸늘한 슈만의 주검 옆에 서 있는 클라라의 모습이었습니다. 주체할 수 없는 슬픔으로 비통해하는 그녀를 바라보는 것은 브람스에게 견디기 힘든 고통이었죠.

낭만주의 시대를 살아갔던 고전주의자 요하네스 브람스. 독일 고전주의의 전통을 계승하며 음악의 표제적 의미가 아닌 음악 자체로서의 의미를 강조했다.

떠난 슈만과 남은 클라라를 보며 브람스는 죽음에 대해 진지한 고민을 시작했습니다. 그로써 나온 결과가 〈장례의 노래*Begräb-nisgesang, Op.13*〉입니다. 죽음을 다룬 그의 첫 번째 작품은 함부르크에서 열린 연주회에서 큰 호평을 받았습니다. 이를 계기로 그는 죽음을 주제로 한 큰 규모의 작품을 작곡해야겠다고 마음먹게 되죠. 〈독일 레퀴엠〉의 구상이 시작되는 순간입니다.

그는 과거 클라라와 자주 연주했던 두 대의 피아노를 위한 소나타의 일부분을 발전시켜 〈독일 레퀴엠〉의 작곡을 본격적으로 시작합니다.■ 하지만 어째서인지 〈독일 레퀴엠〉의 작곡은 더 이상의 진전되지 않았고, 오랜 시간이 흐르게 됩니다. 그러던 1865년의 어느 날, 브람스에게 한 통의 전보가 도착합니다. 어머니가 위독하니 함부르크로 오라는 다급한 내용이었죠. 곧장 달려갔지만 그가 도착했을 때 어머니는 이미 세상을 떠난 상태였습니다.

어머니와의 영원한 이별. 브람스는 형언할 수 없는 비탄에 잠깁니다. 어머니의 임종을 지키지 못했다는 사실은 그를 더욱 괴롭혔고, 어머니에 대한 사무치는 그리움은 9년 전 클라라의 모습을 떠올리게 했습니다. 사랑하는 이를 먼저 보내고 남은 이가 느끼는 감정을 비로소 이해할 수 있게 된 거죠. 다시는 볼 수 없다는 슬픔부터 잘하지 못함에 대한 후회, 거대한 죽음 앞에서 아

■ Sonata for two pianos in f minor, Op.34b. 오늘날 〈독일 레퀴엠〉의 2악장이 되는 부분이다.

무엇도 할 수 없는 인간의 초라함까지 말입니다.

브람스는 레퀴엠의 초안 악보를 다시 꺼내 어머니를 떠나보내고 세상에 남겨진 자신의 마음을 담기 시작했습니다. 브람스의 레퀴엠이 '산 자를 위한' 레퀴엠이라 불리는 이유입니다. 자신의 마음을 담으면서 같은 경험을 했을, 그리고 앞으로 경험할 모두를 위로하고자 했으니까요.

일반적으로 레퀴엠의 가사는 라틴어로 된 '죽은 자를 위한 미사' 전례문을 따르는데 브람스는 마틴 루터가 번역한 성서의 구절을 직접 선정해 레퀴엠을 작곡했습니다. 이 곡이 〈독일 레퀴엠〉이라 불리며 다른 레퀴엠과 큰 차이가 나는 부분입니다. 〈독일 레퀴엠〉 가사를 살펴보면 브람스가 생각하는 죽음과 그에 대한 태도, 그리고 어떤 이야기를 하려는지가 잘 나타납니다.

무서운 집중력으로 브람스는 어머니가 세상을 떠난 바로 다음 해인 1866년 총 여섯 곡 구성의 〈독일 레퀴엠〉을 완성해 발표합니다. 산 자를 위로한다는 브람스의 마음이 닿았는지 이 작품은 큰 찬사를 받았죠. 하지만 브람스는 만족하지 않았습니다. 장대하고 웅장한 멋은 있지만 따뜻한 분위기가 부족하다고 느낀 그는 고심 끝에 한 곡을 추가하기로 마음먹습니다. 오늘날의 5악장이 되는 부분인데요. 근심과 고통에 잠긴 영혼을 위로한다는 내용의 가사를 소프라노 독창자가 노래하도록 한 겁니다. 어머니의 음성과 그리움을 떠올리면서 말이죠.

이 5악장은 레퀴엠 전체에서 가장 아름답고 온화한 악장으로 레퀴엠의 성공에 쐐기를 박았습니다. 브람스의 친구였던 바이올리니스트 요제프 요아힘은 5악장에 대해 "지극한 효심이 이렇게 아름답게 승화된 작품은 지금까지 어디에도 없었다."라고 했죠.

1869년 2월 18일 라이프치히에서 연주된 7악장 구성의 완전한 〈독일 레퀴엠〉 초연 역시 완벽한 대성공을 거두었습니다. 이후 10여 년간 독일어권에서만 무려 100회 이상의 공연에 오르며 사랑받는 브람스 대표 작품이 됐음은 물론이고요.

죽음을 경험하며 브람스는 죽음을 바라보는, 언젠가 죽음에 다다를 사람들에게 집중했습니다. 죽은 이의 영혼을 위로한다는 레퀴엠 본연의 의미를 담는 동시에 세상에 남은 자들에게 건네는 따뜻한 위로와 다시 나아갈 수 있다는 희망의 메시지를 잊지 않았죠. 이는 브람스 자신에게도 큰 위로이자 구원이었습니다.

> 내 마음은 이제 위로받았어. 결코 극복할 수 없을 것 같았던 마음의 장애를 이겨내고 이제는 높이, 아주 높이 비상 중이라네.
>
> - 요하네스 브람스의 편지 중

비탄은 슬픔으로, 슬픔은 그리움으로, 그리움은 여운으로…. 감정은 점점 여릿해집니다. 그 과정을 담담히 겪어내고 있는 이들에게 조용히 〈독일 레퀴엠〉을 건넵니다. 이 작품 속 선율로 몹시 슬퍼하며 탄식하는 그 마음이 조금이나마 옅어지길 바랍니다. 그러다 문득 사무치게 보고 싶어지는 날이면 마음껏 떠올리

고 그리워하세요. 그 또한 남겨진 사람이라서 느낄 수 있는, 아
니 느껴야 할 감정이니까요.

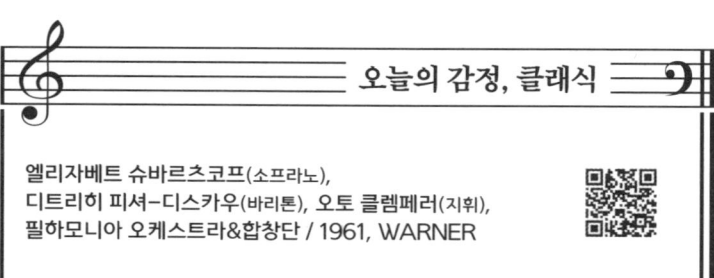

오늘의 감정, 클래식

엘리자베트 슈바르츠코프(소프라노),
디트리히 피셔-디스카우(바리톤), 오토 클렘페러(지휘),
필하모니아 오케스트라&합창단 / 1961, WARNER

그리움
새로운 세계에서 고향을 그리다

드보르작, 교향곡 9번 마단조 Op. 95 〈신세계로부터〉
Antonin Dvorak, Symphony No.9 in e minor Op.95 〈From the New World〉

비어있는 공간을 보면 채우고 싶은 욕구가 생깁니다. 배를 채우기 위해 음식을 먹고, 지식을 채우기 위해 책을 읽고, 지갑을 채우기 위해 돈을 버는 일까지는 아니더라도, 당장 빈 책장을 보면 시답잖은 인형이라도 하나 가져다 놓고 싶은 마음이 들잖아요? 감정도 그렇습니다. '비어있음'에서 비롯된 감정은 '채움'으로 사라지게 하고픈 마음이 들게 마련입니다. 외로워 사람을 만나고, 허전해 새로운 일을 시작하고, 적적해 라디오를 켜는 일이 대표적이라고 할 수 있죠. 하지만 채워서 사라질 수 없는 감정이 있습니다. 무언가를, 누군가를, 어딘가를 그리고 어떤 때를 그리워하는 '그리움'의 감정입니다.

그리워하던 누군가를 다시 만나거나, 그리워하던 어딘가로 돌아갈 때 그리움은 사라질 수 있습니다. 그러나 이는 미래의 일이죠. 애석하게도 그리움을 느끼는 오늘을 달래줄 방법은 없습니다. 만약 그리움의 대상이 미래에도 기약할 수 없는, 그러니까 영영 만날 수 없는 사람, 돌아갈 수 없는 시간과 장소라면 그리움의 농도는 더욱 짙어집니다. 그렇게 우리는 마음속 몇 개의 비어있는 공간을 가지고 각자의 그리움을 안은 채 살아갑니다.

그리움이 '슬픔'으로 느껴지는 이유는 단순합니다. 그리움은 마음 한편을 슬픔으로 물들기 때문입니다. 제게도 그런 그리움의 대상이 있습니다. 바로 제 할머니입니다. 할머니의 무조건적인 사랑과 할머니가 해준 음식, 말투, 인자한 웃음 등 할머니의 손에서 자란 그 시절이 서른이 넘은 지금까지도 이따금 떠오릅니다.

어렸을 땐 할머니가 해주신 시래기 된장국이 그렇게나 먹기 싫었는데, 먹고 싶어도 먹을 수 없게 된 지금은 얼큰 쿰쿰 시원한 할머니 손맛이 어찌나 떠오르는지요. 삶이란 이런 것 같습니다. 이제는 제가 받은 사랑을 충분히 돌려줄 수 있는데 할머니는 계시지 않고, 제가 할 수 있는 일이라곤 그저 할머니를 추억하고 그리워하며 살아가는 일뿐이니까요.

여러분의 그리움은 무엇을 향해 있나요? 저처럼 '누군가'와 함께였던 '어떤 때'에 대한 그리움인가요? 아니면 '어딘가'에 대한 그리움인가요? 만약 그렇다면 지금부터 소개할 작곡가의 이야기가 더욱 와닿을 겁니다. 체코를 대표하는 민족주의 작곡가

안토닌 드보르작Antonin Dvorak, 1841~1904의 교향곡 〈신세계로부터〉
에 담긴 이야기입니다.

　드보르작은 전형적인 대기만성형 작곡가입니다. 서른이 넘을
무렵까지 크게 인정받지 못한, 동시대의 그저 그런 작곡가 중
한 명이었으니까요. 그는 비올
라 연주와 레슨, 교회의 오르가
니스트 등으로 활동하며 근근
이 생계를 이어갔습니다. 하지
만 어린 시절부터 이어진 가난
의 고리를 끊기에는 역부족이
었을뿐더러 연주자보단 작곡
가로 세상에 알려지길 원했기
때문에 늘 아쉬움이 가득했죠.

안토닌 드보르작. 서른이 넘어서야 세상의 인
정을 받은 전형적인 대기만성형 작곡가.

　그랬던 그의 인생에 첫 번째
기회가 찾아옵니다. 1875년 오스트리아 정부에서 젊고 재능있
는 작곡가를 위한 지원금 공모전을 연 것인데요. 생활고에 시달
리던 드보르작은 이 소식을 듣자마자 공모전에 작품을 투고합
니다.

　　매년 공모전에 악보를 제출하는 후보들을 보면 젊음, 가난, 재능의
　　자격 조건 중 앞의 둘은 가지고 있으나 마지막 한 가지가 없을 때가

많았다. 하지만 프라하 출신 안토닌 드보르작은 강렬하고 재능있는 악보를 제출했다. 그것은 우리에게 아주 유쾌한 놀라움이었다.

- 에두아르드 한슬리크(음악평론가, 공모전 심사위원)

드보르작은 공모전에 당당히 당선되었습니다. 지원금을 받아 안정적으로 작곡에 집중할 수 있는 환경이 드디어 만들어진 것입니다. 그는 보란 듯이 폭발적인 작곡 활동을 펼쳐나갑니다. 교향곡 5번, 현악 5중주 사장조, 현을 위한 세레나데 등 유명한 작품들을 모두 이 시기에 작곡합니다. 대중과 평론가들은 드디어 그의 음악을 알아보고 인정하기 시작했고 드보르작은 자신이 그토록 꿈꾸던 작곡가의 삶을 살아가게 됩니다.

드보르작은 자만하지 않았습니다. 꾸준히 음악을 발표해나갔습니다. 특히 공모전 심사위원 중 한 명이었던 브람스의 도움으로 출판사를 소개받아 〈슬라브 무곡집〉을 발표했는데요. 이는 그에게 전에 없던 대성공을 안겨주었습니다. 또 1891년 프라하 음악원의 교수직에 임명되며 커리어에 정점을 찍었죠. 부와 명예를 모두 거머쥔 그때, 그의 인생을 뒤흔들 또 한 번의 기회가 찾아옵니다. 뉴욕 국립음악원의 '원장'직 제안이었습니다.

상상 이상의 연봉과 최고의 복지 조건을 내건 제안이었지만 드보르작은 꽤 깊은 고민에 빠졌습니다. 교수직을 맡은 지 1년밖에 되지 않은 프라하 음악원과의 의리, 조국 체코에 대한 그리움 때문이었죠. 하지만 그 시간은 그리 길지 않았습니다. 그는 곧 제안을 수락하고 미국 뉴욕으로 떠납니다.

이제껏 본 적 없는 거대한 도시와 그곳을 누비며 살아가는 사람들, 휘황찬란한 조명과 대자연이 한데 어우러진 뉴욕은 드보르작에게 신세계이자 거대한 영감이었습니다. 그는 이 영감을 토대로 미국에 도착한 지 1년 만인 1893년, 교향곡을 작곡해 세상에 발표합니다. 교향곡 9번 〈신세계로부터〉입니다.

드보르작은 이 작품에서 뉴욕에서 느꼈던 여러 감정을 담았습니다. 1악장에서는 흑인과 인디언의 선율을 사용해 거침없이 열리는 신대륙의 아침을 표현했고, 3악장에선 체코(보헤미아) 농부들의 전통춤을 연상시키는 주제 선율을 사용해 타향에서 느끼는 애국심을 표현하기도 했습니다. 우리에게 가장 익숙한 4악장에서는 말 그대로 뉴욕을 처음 마주했을 때의 충격 그 자체를 그렸습니다. 낯설고 새로운, 거대한 신세계가 눈앞에서 펼쳐지는 듯한 웅건한 악장입니다.

하지만 뭐니 뭐니 해도 이 교향곡의 백미는 단연 2악장이라고 할 수 있습니다. 짧은 도입부에 이어 흘러나오는 잉글리시 호른의 감미로운 주제 선율은 고향에 대한 그리움, 향수로 가득 찬 선율이죠. 새로운 세계와 경험에서 오는 자극에 흠뻑 취해 지내다가도 울컥울컥 튀어나오는 고향 생각. 신세계의 그 무엇도, 그 누구도 충족시킬 수 없는 고향의 가족과 친구들, 그리고 함께 먹던 음식, 함께 나누던 추억을 떠올리게 하는 선율입니다. 커질 듯

커지는 법이 없는 이 선율에서는 마치 그리움을 애써 눌러 담은 채 살아가는 우리의 모습이 그려지기도 합니다.

진한 그리움은 때로 애틋한 선율이 되어 가슴 깊은 곳을 묵직하게 채워줍니다. '어딘가'에 대한 그리움을 느껴본 적이 있다면 이 선율이 주는 울림은 더 커지겠죠.

어쩌면 무언가를 그리워한다는 것은 변함없이 기억하고 있다는 것이 아닐까요? 당장, 아니 영원히 닿을 수 없더라도 그 기억에서 오는 그리움과 함께 오늘을 살아가는 것 또한 의미 있는 일이 아닐까 합니다. 드보르작이 고향에 대한 그리움으로 이 교향곡을 작곡한 것처럼 저도 언젠가 할머니에게 받은 크나큰 사랑과 당신이 남기고 떠난 삶을 대하는 태도를 누군가에게 그대로 물려줄 수 있는 날이 오기를 바라봅니다.

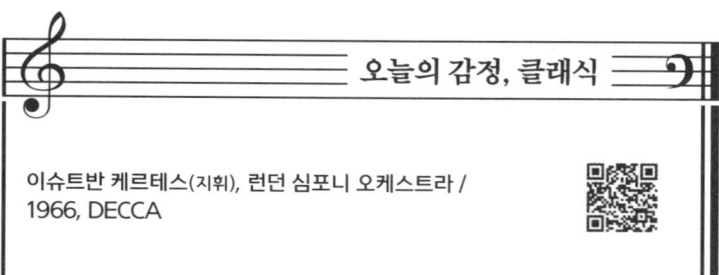

오늘의 감정, 클래식

이슈트반 케르테스(지휘), 런던 심포니 오케스트라 /
1966, DECCA

4부

—

락

（樂 즐거움）

Feelings of the day,
classical music

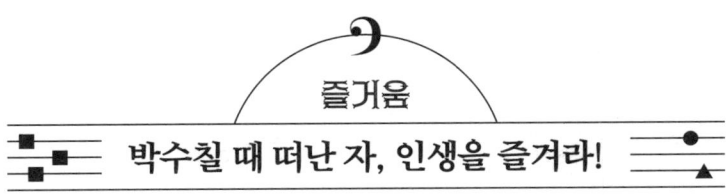

즐거움

박수칠 때 떠난 자, 인생을 즐겨라!

로시니, 오페라 〈윌리엄 텔〉 서곡
Gioachino Rossini, Opera 〈William Tell〉 Overture

즐기는 사람에게서 뿜어져 나오는 에너지를 느껴본 적 있나요? 그 분야에 대해 전혀 모르는 사람이 봐도 '아! 저 사람은 진심 즐기고 있구나!'라는 생각이 절로 드는, 그래서 그 사람을 돕고 싶고 함께 하고 싶은 기분이 들죠. 반대로 자신이 즐겁게 일할 때를 떠올려 보세요. 슬며시 웃음이 새어나오지 않나요? 해결하기 어려운 문제나 육체적인, 정신적인 고통이 찾아와도 씩 웃음이 터져요. '그래, 어쩐지 너무 쉽다 했어!' 혹은 '이번 미션은 이거구나, 한번 해보자!'라는 생각이 들면서 말이죠. 오히려 몸 안의 피가 확 돌면서 정신이 말똥해지는 기분이랄까요. 진심으로 즐기고 있으니 힘들어도 힘들지 않고 어려워도 어렵지 않게 느껴지는 것이죠.

이처럼 즐기고 있는 사람이 요즘 제 주변에 있습니다. 바로 30여 년의 공직 생활을 마무리하고 제2의 인생을 사는 아버지입니다. 아버지는 이른바 '말질'의 재미에 푹 빠져있습니다. 말질이 무엇인고 하니, 소일거리를 뜻하는 아버지만의 표현입니다. 소일거리는 다름 아닌 '밭일'입니다. 그렇습니다. 어릴 적 밭과 가깝게 자랐던 아버지답게 은퇴 후 밭으로 돌아가신 겁니다.

들깨, 감자, 배추 등을 키우는 아버지를 옆에서 가만 보고 있노라면, 가끔은 이해되지 않을 때도 있습니다. 쉴 곳이라곤 작은 비닐하우스와 정자뿐인 곳에서 온몸으로 뙤약볕을 받아내며 일을 하고, 눈이 오든 비가 내리든 밭으로 출근하니까요. 돈 되는 일도 아닌데 말입니다. 게다가 열심히 기른 농작물을 멧돼지가 전부 파먹어 버리기도 하고, 농약을 치지 않아 농작물이 병에 걸려 다 죽어버리기도 하는데 진심 이 일이 즐거운 건지 의문이 들 때가 많습니다.

하지만 아버지의 표정과 말투는 그 어느 때보다 에너지로 가득합니다. 밭일과 그곳에서 벌어지는 (두꺼비가 나왔다는 등) 소소한 에피소드, 특히 앞으로 밭에서 벌어질 일들을 이야기할 때면 더더욱 표정과 몸짓이 꿈을 꾸는 듯 즐거워 보이거든요. '아! 우리 아빠가 이 일을, 그리고 당신의 인생을 진정으로 즐기고 있구나!'라는 생각이 절로 들 만큼요.

요즘의 아버지를 보자니 자연스럽게 생각나는 한 음악가가 있습니다. 19세기 전반 이탈리아의 오페라를 화려하게 꽃피우고 누구보다 인생을 즐기며 살아간 작곡가 조아키노 로시니*Gioachino Rossini, 1792-1868*입니다.

　로시니는 이탈리아 낭만주의 오페라의 포문을 연 작곡가입니다. 그는 탁월한 작곡 재능으로 무려 열네 살에 첫 오페라 〈데메트리오와 폴리비오〉를 작곡했고, 이후 대표작 〈세비야의 이발사〉를 포함해 수많은 오페라를 작곡하며 전 유럽을 누빈 인물입니다.

　로시니의 오페라는 대부분 유쾌한 내용이 주를 이루는데요. 낙천적이고 유머러스한 성격으로 능글맞은 말장난도 서슴없이 즐겼던 그의 성향이 그대로 작곡에까지 영향을 주었습니다. 외향적이고 호탕한 그는 언제나 사람들을 매료시켰고, 덕분에 대중이 원하는 '웃음'이 무엇인지를 정확하게 알 수 있었죠. 이를 바탕으로 그의 오페라 부파(희극 오페라)는 대부분 큰 성공을 거두었고 자연스럽게 로시니에겐 부와 명예가 따랐습니다. 평생 써도 다 쓰지 못할 정도의 막대한 재산이었다고 하니 일반적으로 떠오르는 작곡가들의 삶과는 많이 다른 느낌이죠.

　그렇다고 그의 작품 성공 요인이 오직 '웃음'에만 있는 건 아니었습니다. 재미있는 줄거리와 더불어 벨칸토의 아름다움이 살아있는 낭만적인 멜로디, 군더더기 없이 깔끔한 관현악법과 독창적인 화성 진행 등 사랑받을 만한 요소를 두루 갖추었지요. 그의 오페라는 후대의 작곡가들에게도 많은 영향을 미쳤고, 베르디-푸치니로 이어지는 이탈리아 낭만주의 오페라 계보의 기틀이 되었습니다. 오늘 소개할 〈윌리엄 텔〉도 대표적인 작품 중 하나입니다.

오페라 〈윌리엄 텔〉은 프리드리히 실러의 동명 희곡을 바탕으로 작곡된 오페라입니다. 아들의 머리 위에 사과를 올려놓고 그 것을 맞히는 장면으로 유명한 바로 그 희곡, 맞습니다. 로시니는 그 내용에 매료돼 작곡을 결심했고, 얼마 뒤 전체 4막 5장 구성의 오페라 〈윌리엄 텔〉을 발표했습니다. 이 오페라도 어마어마한 성공을 거두며 극찬을 받았죠.

발표 당시 큰 성공을 거두었던 〈윌리엄 텔〉이지만, 요즘 이 작품이 무대에 오르는 일은 거의 없습니다. 최대 6시간에 육박하는 공연 시간은 물론이고 난도 높은 아리아가 많아 이를 소화할 성악가를 찾기 힘들기 때문이죠. 대신 〈윌리엄 텔〉 서곡만큼은 자주 무대에 오릅니다. 오페라에서 '서곡'이란 본격적인 무대가 시작되기 전 오케스트라가 연주하는 곡을 일컫는데요. 오페라에 등장하는 주요 내용을 선율로 압축해 들려주며 몰입도를 높여주죠. 간결하면서도 드라마틱해서 오페라 자체보다 서곡이 더 자주 연주되기도 하는데, 그 대표적인 예가 바로 〈윌리엄 텔〉입니다.

〈윌리엄 텔〉 서곡은 크게 네 부분으로 나뉩니다. '새벽-폭풍-고요함-스위스 군대의 행진'이 그것인데요. 첼로의 독주로 시작해 고요한 스위스의 새벽을 노래하는 1부, 몰아치는 폭풍을 묘사하는 2부, 잉글리시 호른을 필두로 평화로운 목가 선율을 들려주는 3부를 지나 너무나도 익숙한 4부에 다다를 때면 마치 힘차게 질주하는 스위스 기마병이 된 듯한 짜릿한 쾌감을 느낄 수 있습니다. 곡의 후반부 모든 악기가 군인의 행진과 민중의 환호를 묘사하며 끝이 나는데, 힘차고 경쾌한 그 선율에 마침내 독립을 이룬 스위스의 모습이 잘 담겨 있습니다(《윌리엄 텔》의 원전은 스위스의 설화입니다).

젊은 시절부터 성공 가도를 달리며 살아가던 로시니. 사실 오페라 〈윌리엄 텔〉은 로시니가 37세 되던 해 돌연 은퇴를 선언하기 전에 마지막으로 발표한 작품이기도 합니다. 스스로 은퇴의 이유를 밝히진 않았지만, 이미 막대한 부를 얻은 상태에서 그의 오페라와 어울리는 전통적인 벨칸토 창법의 성악가들이 점점 줄어드는 것을 보고 자연스럽게 은퇴를 결심한 것이 아닌가 추측하고 있죠. 인생에서 가장 영광스러운 시기, 말 그대로 박수칠 때 떠난 로시니였습니다.

작곡가로서의 로시니가 오페라를 통해 많은 즐거움을 안겨주었다면 로시니 본인의 즐거움은 인생 2막이 시작됨과 동시에 펼쳐졌습니다. 사실 그는 "먹고, 사랑하고, 노래하고, 소화하는 것이 인생의 진정한 즐거움을 가져다주는 4막의 오페라"라고 말할 정도로 음식을 좋아했는데요. 그의 단골 요리사들이 '트러플'을 좋아한 그의 조언을 받아 '알라 로시니*alla Rossini*(로시니식으로)'라는 로시니의 이름을 딴 요리를 개발할 정도였어요.

일어나는 것조차 귀찮아 침대에 누워 작곡하고, 약속한 마감일 직전의 직전까지 작곡을 미룰 정도로 누구보다 게을렀던 로시니. 하지만 '음식'과 '요리' 앞에서는 그렇지 않았습니다. 은퇴 직후부터는 맛있는 음식을 찾아다니고 요리를 직접 개발하는가 하면 요리책을 집필하는 등의 활동을 펼치며 자발적인 '미식가'로서의 삶을 시작했습니다. 그렇게 로시니는 일흔 여섯의 나이로 세상을 떠나기 전까지 인생을 오롯이 즐기며 살았습니다. 젊은 나이에 경제적 독립을 이루어 이른 시기에 은퇴해 삶은 즐기는, 전형적인 '파이어족' 인생을 살다간 것입니다(아고, 부러워라…!).

은퇴 후 '말질'에 푹 빠진 아버지, '미식가'로서의 삶을 살아갔던 로시니. '즐기는 자는 이길 수 없다'는 말의 진정한 의미가 이것 아닐까요? 결과를 떠나 진정으로 즐겼다는 것, 그 과정에서 얻는 쾌감과 웃음은 그 어떤 것과도 바꿀 수 없는 값진 자극일 겁니다. 때로는 결과에 대한 부담은 내려놓고 과정 자체를 즐겨보도록 하자고요. 처음엔 작은 일로 시작해 점점 인생 전체로 넓혀나가는 겁니다. 즐기는 사람은 즐거움을 알아보고 끌어들이는 법이니, 어느새 여러분의 삶은 즐거움으로 가득 차게 될 겁니다.

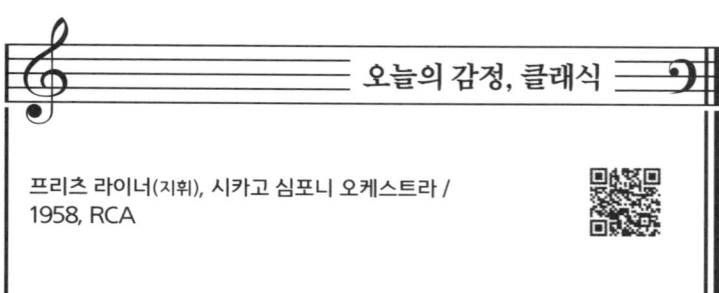

오늘의 감정, 클래식

프리츠 라이너(지휘), 시카고 심포니 오케스트라 /
1958, RCA

자신감
무소의 뿔처럼 혼자서 가라

슈트라우스, 〈차라투스트라는 이렇게 말했다〉 Op.30
Richard Strauss, 〈Also Sprach Zarathustra〉 Op.30

　　자신감은 자신을 믿는 감정, 즉 뭔가를 할 수 있다는 능력에 대한 믿음을 뜻합니다. 무대에 오르는 사람으로서 저에게도 자신감은 굉장히 중요합니다. 무대에서의 마음가짐은 물론이고 태도, 표정, 말투, 행동, 목소리 하나하나에 큰 영향을 미치니까요. 이를 가장 크게 느끼는 부분 중 하나가 '눈 맞춤'입니다.

　　저는 무대에서 관객과 적극적으로 눈을 맞추며 노래합니다. 맨 앞줄부터 저 뒷줄까지 말이죠. 자연스럽게 시선이 높아지며 관객석 전체를 훑습니다. 이런 자신감과 에너지는 고스란히 관객에게 전해지고 자연스럽게 무대의 질도 높아지죠. 비단 무대에서 노래하거나 강연할 때뿐만이 아닙니다. 글을 쓸 때도 유튜브 영상을 만들 때도 하다못해 길을 걸어갈 때도 자신감은 기분과 태도, 표정, 행동 등 모든 부분에 큰 영향을 미치죠.

제 자신감의 원천은 자존감과 연습량입니다. 연습량은 너무나도 당연한 이야기죠. 무대에서의 자신감은 연습량에 비례하고, 완벽한 무대를 위해 외로운 연습의 시간을 견디는 것은 연주자에겐 숙명과도 같은 일이니까요.

다음은 자존감입니다. 자존감은 말 그대로 내 모습을 존중하는 마음을 뜻하는데요. 자존감이 높은 사람은 자신감이 넘칠 수도, 없을 수도 있지만 자존감이 낮은 사람은 결코 자신감을 가질 수 없습니다. 내 모습을 존중하지 않는 사람이 자기 능력에 대한 믿음을 가질 수는 없으니까요. 따라서 자신감을 가지려면 자신을 존중해야 합니다. 그런 사람만이 타인의 말에 쉽게 휘둘리지 않고 상처받지도 않는 법이죠.

높은 자존감을 바탕으로 한 자신감. 저는 이 작곡가가 떠오르네요. 19세기부터 20세기까지 한 세기를 거쳐 활동하며 독일 후기 낭만주의 음악의 한 축을 담당했던 '관현악법의 대가' 리하르트 슈트라우스*Richard Strauss, 1864-1949*입니다.

나는 한 자루의 빗자루도 음악으로 완벽하게 묘사할 수 있다.

얼마나 자존감과 자신감이 넘쳐야 이런 말이 나올까요? 높은 자존감과 자신감으로 똘똘 뭉친 슈트라우스라면 충분히 가능한 말입니다. 그는 음악가로 성장하기에 더할 나위 없이 좋은 환경에서 태어났습니다. 아버지는 뮌헨 궁정악단의 호른 주자이자 음악원 교수였고 어머니는 부유한 양조업자의 딸이었죠. 경제적인 지원을 충분히 받을 수 있는 상황에서 아버지의 영향으로 자연스럽게 음악을 접할 수 있었던 금수저였습니다. 슈트라우스가 언제나 삶과 음악에 자신감이 넘쳤던 이유엔 분명 이러한 가정환경의 영향도 있었겠죠. 실제 그는 어린 시절부터 아버지의 궁정악단에 따라가 리허설 등을 지켜보며 오케스트라 악기에 대한 이해를 높일 수 있었고, 연주자들에게 피아노와 음악이론, 관현악법 등을 배우며 살아있는 음악 교육을 받았습니다. 이처럼 슈트라우스는 부모님과 주변 사람들의 적극적인 지원을 받으며 독일 낭만주의를 대표하는 작곡가로 성장합니다.

슈트라우스는 아버지와 달리 바그너 등 동시대 작곡가들의 음악을 적극적으로 수용하며 자신의 음악에 적용했습니다. 그의 작품에서 나타나는 대규모 관현악 편성이나 적극적인 불협화음의 사용, 반음계적 화성 진행 등이 그것이죠. 또 리스트에 의해 탄생한 '교향시'▪의 작곡에 많은 시간을 투자했다는 것에서 그가 '신독일악파'▪▪의 영향을 받았음을 알 수 있습니다.

■　시, 소설, 회화, 자연, 신화 등 음악 외적인 것을 음악으로 표현하는 악곡의 형식. 프란츠 리스트에 의해 처음 쓰였다.

■■　전통을 중요시한 신고전악파에 대립해 진보적 성향을 띄던 작곡가들. 대표적으로 바그너, 리스트, 베를리오즈 등이 있으며 리스트는 교향시와 같은 표제음악을, 바그너는 음악, 노래, 춤, 시, 시각예술, 무대기술을 합친 총체적 예술로서의 오페라를 선보였다.

이런 슈트라우스를 대표하는 작품이 교향시 〈차라투스트라는 이렇게 말했다〉입니다. 독일의 철학자 니체의 책 제목이기도 하죠. 한때 뮌헨 대학에서 철학을 공부했던 슈트라우스도 영원회귀, 힘에의 의지, 위버멘쉬(초인) 등 니체의 핵심 사상이 집약된 이 책을 읽었나 봅니다. 기존의 가치와 통념, 안락한 삶에서 벗어나 현재와 투쟁하고 자신의 삶을 긍정하는 '초인'이 되어야 한다는 니체의 사상이 거대한 영감이 되어 다가왔는지 1896년 서른 살이 되던 해, 그는 니체의 원작에서 여덟 개의 에피소드를 고른 후 독립된 도입부를 추가해 아홉 곡의 교향시 〈차라투스트라는 이렇게 말했다〉를 발표했습니다.

작품 중 가장 유명한 부분은 '일출Sunrise'이라고도 불리는 서곡, 즉 도입부입니다. 저음 악기들의 미세한 진동으로 곡이 시작되는데, 트럼펫이 연주하는 자연의 주제와 함께 극적인 도입부가 펼쳐집니다. 마치 칠흑 같은 어둠 속에서 태양이 떠오르는 듯한, 깨달음을 얻은 '초인' 차라투스트라가 하산하며 세상을 밝히는 장면이 떠오르는 부분이죠. 이후 펼쳐지는 여덟 개의 에피소드에서는 '관현악법의 대가' 슈트라우스다운 다채로운 오케스트레이션을 들어볼 수 있습니다. 첨부된 QR코드에 여덟 개의 에피소드를 표기해두었으니 니체와 초인, 슈트라우스의 여정을 천천히 따라가 보길 바랍니다.

가치와 사상은 항상 그것을 추종하는 자와 거부하는 자가 동시에 존재하는 법입니다. 슈트라우스가 시도한 '니체 철학의 음악화'에도 호평과 비난이 공존했죠. 논란이 계속되자 슈트라우스는 "나는 철학적 음악을 쓰려는 것이 아니고 니체의 위대한 작품을 음악으로 표현하려는 것도 아니다. 다만 인류가 그 기원에서부터 여러 단계를 거쳐 니체의 '초인'이라는 관념에 이르기까지를 음악을 통해 전하려 했을 뿐이다."라고 이야기했습니다.

음악과 문학, 작곡, 지휘, 피아노 연주와 리코딩 기술에 이르기까지 다방면에 관심을 가지고 활약했던 예술가 슈트라우스. 그 이면에는 스스로를 믿는 마음, 즉 자신감이 있었습니다. '신독일악파'의 음악을 받아들이고 다른 이들이 시도하지 않았던 '철학과 음악의 융합'을 시도하고 "지휘자는 결코 땀을 흘려선 안 된다. 오직 청중만이 흥분해야 한다."고 주창하며 '넥타이 지휘법'■을 탄생시키고 '리코딩'이란 진보된 기술을 적극적으로 수용할 수 있었던 건, 모두 해낼 수 있다는 스스로에 대한 믿음이 있었기에 가능했습니다.

여러분은 얼마나 자신감을 가지고 일을 하나요? 혹시 자신감의 원천이 되는 자존감이 낮지는 않은가요? 자존감과 자신감의 큰 적은 다른 사람의 시선이라고 합니다. 다른 이의 시선으로부터 자유로워지기 위해 제가 외우는 문장을 남기며 글을 마무리하겠습니다. 어떤 상황이 오든 '나'라는 세계는 오롯이 내가 지켜

■ 팔의 움직임을 넥타이 폭으로 한정하는 슈트라우스의 지휘법을 비유한 것을 말한다.

야 한다는 것을 기억하며….

홀로 행하고 게으르지 말며

비난과 칭찬에도 흔들리지 말라

소리에 놀라지 않는 사자처럼

그물에 걸리지 않는 바람처럼

진흙에 더럽히지 않는 연꽃처럼

무소의 뿔처럼 혼자서 가라

- 불교 경전 〈숫타니파타〉 중

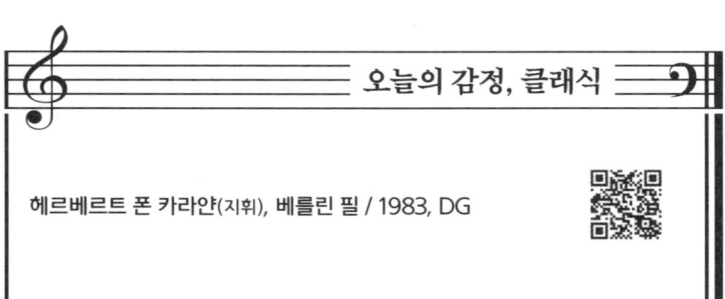

오늘의 감정, 클래식

헤르베르트 폰 카라얀(지휘), 베를린 필 / 1983, DG

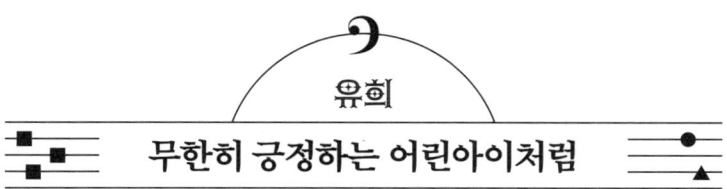

유희

무한히 긍정하는 어린아이처럼

슈만, 〈어린이 정경〉 Op.15
Robert Schumann, 〈Kinderscenen〉 Op.15

　　제주도 동쪽 끝, 종달리 마을을 아시나요? 마을 중앙에 있는 커다란 나무와 돌담길이 이어지는 좁은 골목을 발길 닿는 대로 걷다 보면 어느새 마을을 다 둘러볼 수 있는 자그마한 마을입니다. 이 소박하고 조용한 마을에 방문한 후 그 매력에 푹 빠져 이제는 제주에 갈 때마다, 아니 오히려 이곳에 가고 싶어 제주 여행을 계획할 정도입니다.

　　2020년 남들보다 조금 늦게 대학을 졸업한 이후 미래에 대한 고민과 걱정에 싱숭생숭한 마음으로 떠난 제주였습니다. 종달리는 여행 이튿날에 방문했는데요. 아담한 숙소에 짐을 풀고 마을을 둘러보니 그 소박한 풍경에 잡념은 사라지고 편안한 마음만 들어찼습니다. 이 마을엔 각각의 이야기가 담긴 개성 있는 공간이 많더라고요. 사람이 아닌 책이 공간을 지키는 작은 무인 책방부터 타자기로 생각을 마음껏 '필기'할 수 있는 공간, 제주 감성이 물씬 풍기는 감각적인 소품샵, 구수한 집밥을 한 상 가득 내어주는 식당까지. 골목골목 누비다 보니 종달리는 마을 전체가 제 맘에 쏙 드는 '장소'가 되었습니다.

어느새 해는 저물고, 발걸음을 돌려 숙소로 돌아가던 중 도란도란 수다 소리가 들려오는 조그마한 술집 하나가 눈에 들어왔습니다. '아니, 이런 곳에? 이런 술집이?' 하는 마음에 조심스럽게 문을 열고 들어가 보니 여덟 명 남짓 겨우 앉을 수 있는 작은 공간이더라고요. 반가운 마음에 가게 한 쪽에 자리를 잡았습니다. 몸을 녹일 수 있는 따뜻한 술과 안주를 주문하고 주변을 둘러보는데, 자리마다 술집을 방문한 누구든 자유롭게 글을 남길 수 있는 조그만 방명록이 놓여있습니다. 기쁨과 슬픔, 후회와 걱정, 사랑, 그리고 그리움…. 먼저 다녀간 사람들이 적어놓은 이야기 속에는 다양한 감정이 쓰여 있었습니다. '사람 사는 게 다 똑같구나'라고 생각하며 방명록을 넘기던 중 제 마음에 묵직하게 문장 하나가 다가왔습니다.

삶은 풀어야 할 숙제가 아닌 감탄해야 할 풍경입니다.

망치로 머리를 맞은 듯했습니다. 앞으로 삶을 어떻게 풀어나가야 하나 고민하며 떠난 제주에서 '삶은 풀어야 할 숙제가 아닌 감탄해야 할 풍경'이란 글을 만나다니요. 손에 쥔 펜을 그대로 움켜쥐고 멍하니 시간을 흘려보냈습니다. 주문한 술이 나오기 전까지 말이죠. 한 잔 두 잔 술이 들어가며 취기가 오르는 중에도 마음 한구석에선 여전히 저 문장이 일렁였습니다.

숙소로 돌아와 잠자리에 들기 전, 문득 슈만Robert Schumann, 1810~1856의 〈어린이 정경〉이 떠

음악은 물론 문학적 재능까지 뛰어났던 작곡가 로베르트 슈만.

오른 것은 결코 우연이 아니었을 겁니다. 그저 놀이에 즐거워하고, 주어진 것에 기뻐하고, 보이는 풍경에 감탄하며, 삶을 무한히 긍정하고 유희했던 어린 시절의 나는 사라지고, 언제부턴가 삶을 풀어야 할 숙제로만 여기던 내 모습이 한 줄의 문장으로 더욱 선명해진 탓이겠죠. 기분 좋게 취해 문장을 곱씹으며 슈만의 〈어린이 정경〉을 듣던 밤. 종달리는 그렇게 제 마음 더 깊은 곳까지 들어왔습니다.

낭만주의 시대 독일의 대표 작곡가 슈만은 음악만큼 문학에도 재능이 뛰어난 작곡가였습니다. 1834년 스물네 살의 나이로 동료들과 음악 전문지 〈음악 신보〉를 창간하는가 하면 평론가로

활동하며 많은 음악가와 그들의 작품을 세상에 알렸죠. 동시에 풍부한 문학 지식을 바탕으로 음악에 문학적 요소를 입히는 노력을 기울이기도 했습니다. 그래서인지 슈만의 음악은 설령 가사가 없는 피아노곡일지라도 잘 쓰인 한 편의 시를 읽는 듯한 기분이 들기도 하죠.

〈어린이 정경〉은 슈만을 대표하는 피아노 소품곡 중 하나입니다. 1838년 스물여덟 살의 슈만이 클라라와 깊은 사랑을 나누던 시기에 작곡한 곡인데요. 언젠가 클라라가 슈만에게 "당신은 때로 아이와 같아요."라고 말한 것에 영감을 받아 어린이를 주제로 한 서른 개의 짧은 곡을 작곡한 것이 그 시작이었습니다. 거기서 열두 곡을 추린 뒤 한 곡을 추가해 총 열세 곡으로 발표한 것이 〈어린이 정경〉입니다.

제목에서 알 수 있듯 〈어린이 정경〉은 어린이의 다양한 모습을 그리고 있습니다. 술래잡기(3번 술래잡기Haschemann)를 하며 까르르 웃기도 하고, 원하는 것을 얻어 만족(5번 만족Glückes genug)하는가 하면, 뛰놀다 지쳐 꾸벅꾸벅 잠의 경계를 오가기도(12번 잠자리에 드는 어린이Kind im Einschlummern) 합니다. 이 작품에서 가장 유명한 곡은 단연 일곱 번째 곡인 '트로이메라이(꿈Traumerei)'인데요. 상승과 하강을 반복하는 선율이 마치 꿈을 꾸는 듯 단조롭게 흐르며 아득한 어린 시절을 떠올리게 합니다. 단순하지만 아름다운 곡입니다. 〈어린이 정경〉은 대부분 1분 내외의 짧은 곡들이어서 열세 곡 모두를 감상해도 채 20분을 넘지 않으니 부담 없이 가벼운 마음으로 즐겨 보길 바랍니다.

　제목에 '어린이'가 들어가 있고, 어린이의 다양한 모습을 음악으로 표현했지만, 슈만은 어린이를 위해 작곡한 것이 아니었습니다. 어린이를 바라보는 어른 입장에서, 어른들이 잊고 살아가는 동심과 추억을 회상하며 작곡한 것이죠.

어린아이는 순진무구하며, 망각이며, 새로운 시작, 놀이, 스스로의
힘으로 돌아가는 바퀴, 최초의 운동, 거룩한 긍정이다.
- 니체 《차라투스트라는 이렇게 말했다》 중

　많은 음악 중 슈만의 〈어린이 정경〉이 떠올랐던 건 '어린아이'의 정신을 기억하고 있었기 때문입니다. 니체의 말처럼 어린아이는 순진무구합니다. 괜한 의미를 부여하지 않고 주위 환경을 있는 그대로 받아들이죠. 또한 어린아이는 자주 망각합니다. 어른은 과거에 얽매여 현재를 살아가지 못하지만 어린이는 과거가 영향을 주지 못합니다. 그래서 어린아이들은 늘 새로운 시작입니다.

　과거는 끊어내고 그 자리에서 새로운 시작을 외치니 이는 곧 '놀이'가 됩니다. 누군가 시켜서 하는 게 아닌 자신의 의지로 만든 놀이. 과거의 가치와 관습을 파괴하고 조물주가 된 양 가치와 기준을 새로이 창조하며 그 안에서 끊임없이 유희하는 놀이. 그리고 이를 가능케 하는 힘은 바로 용감하게 긍정하는 정신,

즉 '거룩한 긍정'입니다. 편견에 사로잡히지 않고 과거에 집착하지 않으며 놀이하는 마음으로 삶을 대하는 자만이 가능한 긍정이죠. 이런 정신을 가진 이들은 고난이 닥쳐도 쉽게 포기하지 않습니다. 자신의 힘으로 굴러가는 바퀴처럼 멈추지 않고 계속해서 굴러갈 뿐이죠.

삶이 무거운 짐처럼 느껴지고 이를 어떻게 풀어가야 하나 고민된다면 니체와 슈만이 들려주는 '어린이'를 따라가 보세요. 그리 어렵지 않을 겁니다. 우리는 한때 있는 그대로 바라보고 생각하고 감탄하던 어린이였으니까요.

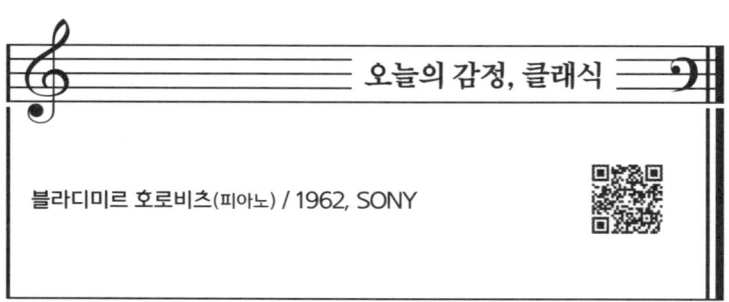

오늘의 감정, 클래식

블라디미르 호로비츠(피아노) / 1962, SONY

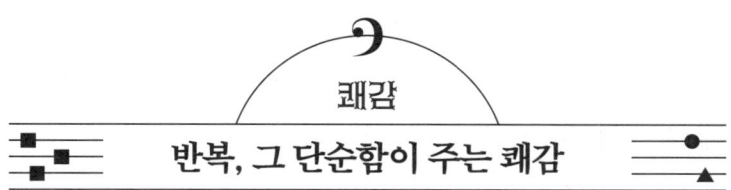

쾌감

반복, 그 단순함이 주는 쾌감

라벨, 〈볼레로〉 M.81
Maurice Ravel, 〈Bolero〉 M.81

N잡, 워라밸, 갓생러 등 능동적으로 삶을 디자인하는 사람들이 많아졌다고는 하지만 여전히 많은 사람이 반복되는 일상을 살아갑니다. 매일 같은 시간에 일어나 같은 시간에 출근하고 같은 사람들과 같은 일을 하며 퇴근을 기다리는 일상이죠. 이렇게 같은 패턴을 반복하는 삶에서 즐거움을 느끼기란 쉽지 않습니다. 매너리즘에 빠져 일상이 의미 없이 느껴질 때도 있죠. 그렇다 보니 '반복, 그 단순함이 주는 쾌감'이란 제목이 어색하게 느껴지기도 합니다. 제아무리 창의적인 일이라 할지라도 반복되다 보면 결국엔 무뎌지고 지겨워지는 것 아닌가요.

그러나 예술에서만큼은 예외입니다. 음악, 미술, 연극, 건축 등의 예술 분야에선 의도적인 '반복'이 작가의 의도를 강조하거나 극적 효과를 내는 장치로 사용되곤 하거든요. 건축물의 구조적인 반복, 회화 작품의 색채 반복, 연극에서 의도적인 반복을 연출하는 경우를 보면 쉽게 이해할 수 있습니다. 이렇듯 예술에서의 반복은 지루함과 따분함이 아닌 즐거움을 가져다주기도 합니다. 그중 음악은 '반복'이라는 속성이 즐거움을 넘어서 극적인 '쾌감'까지 선사할 수 있는 장르이고요. 가요나 팝송 등 대중음악을 떠올려볼까요? 기본적으로 대중음악은 후렴을 반복합니다. 모르는 노래인 줄 알았는데 후렴구를 듣고 '아! 이 노래!'했던 경험, 이는 매력적인 후렴구의 반복이 있어 가능했던 겁니다.

클래식 음악에서는 어떨까요? 클래식 음악을 자주 듣지 않더라도 '소나타 형식'이란 말은 들어본 적이 있을 겁니다. '제시부-전개부(발전부)-재현부'의 순서로 진행되는 악곡의 형식인데, 이 또한 '반복'을 골자로 합니다. 제시부에서 대조되는 두 개의 선율을 제시한 뒤 전개부에서 이를 여러 가지 모양으로 발전시키고, 재현부로 넘어오면 다시 제시부의 선율을 재현, 반복하는 것을 말하죠. 재현부는 제시부를 그대로 재현(주로 고전주의 음악)할 수도 있지만 어느 정도의 변화를 주어 재현(주로 낭만주의 음악)할 수도 있습니다. 이외에도 주제 선율이 삽입부를 사이에 두고 반복해서 나타나는 '론도AB-AC-A' 형식이나 하나의 주제 선율을 연속적으로 반복하며 점진적인 변화를 가하는 '변주곡' 등 클래식 음악에서 자주 만나는 것이 '반복'입니다.

그런데 소나타도 아니고, 론도도 아니고, 변주곡이란 이름을

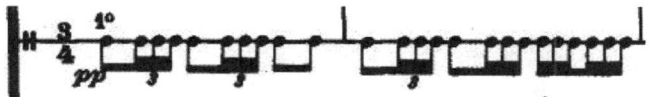

볼레로 도입부 리듬. 스네어 드럼 연주자는 이 단순한 리듬을 곡이 끝날 때까지 무려 169번 반복 연주한다.

달고 있지도 않은데 '반복'을 극한으로 끌어올린 작품이 있습니다. 10분이 넘어가는 시간 동안 단 한 개의 리듬과 단 하나의 선율만이 등장하지만 지루하지 않고 오히려 오묘한 쾌감을 선사하는 곡, 프랑스 인상주의 거장 모리스 라벨Maurice Ravel, 1875-1937의 〈볼레로〉입니다.

라벨은 관현악법에 탁월한 재능이 있었습니다. 작곡가 스트라빈스키는 그의 정교한 관현악법을 '스위스 시계장인'에 빗대어 존경을 표했죠. 라벨은 드뷔시와 함께 프랑스 인상주의 작곡가로 분류되곤 하지만 곡의 형식과 구조를 중요시하는 고전주의적 성격이 강한 작곡가입니다. 탄탄한 음악적 형식과 구조 위에 자신만의 관현악법으로 이국적인 선율을 마음껏 펼쳐냈죠.

'볼레로'란 본래 스페인에서 유행한 3박자의 느린 춤곡을 일컫는 단어인데요. 〈볼레로〉는 1928년 러시아의 유명 무용가인 이다 루빈스타인의 작곡 의뢰를 받아 스페인의 '볼레로' 리듬을 사용해 작곡했습니다. 발레 음악으로 작곡되었지만 오늘날엔 음악만 연주하는 경우가 더 많습니다. 그 이유는 이 곡이 가지고 있는 특별한 에너지. 바로 '반복'에서 나오는 에너지 때문입니다.

곡은 현악기의 피치카토▪와 스네어 드럼의 리듬으로 시작됩니다. 이 리듬은 곡이 끝날 때까지 일정한 박자로 반복되는데요. 곡을 구성하는 340마디 중 이 리듬이 나오지 않는 마디는 단 두 마디뿐입니다.

선율도 마찬가지입니다. 곡에서 들어볼 수 있는 선율은 딱 한 가지뿐. 하나의 주제 선율이 반복에 반복을 거듭하며 총 18회 연주되는데요. 다채로운 선율이 등장하지 않는데도 곡이 지루하지 않고 오히려 앞으로 나아가고 있다는 느낌을 받습니다. 곡은 플루트의 독주로 시작해 클라리넷, 바순, 오보에, 트럼펫, 트롬본 등등 때로 하나의 악기가 혹은 여러 악기군이 이 하나의 선율을 연주하며 점점 크기를 키워나갑니다. 마치 작품 전체가 하나의 거대한 '크레센도'와도 같습니다.

수시로 악기가 바뀌거나 추가되고, 조성 역시 변화를 거듭하는 와중에도 단 한 가지, 리듬만큼은 처음 시작했던 리듬을 계속 유지합니다. 마치 '네가 아무리 유혹해도 나는 나의 길을 간다'라고 말하는 것 같아요. 이 굳건한 리듬 위에서 음악은 천천히, 하지만 단단하고 웅장하게 쌓여갑니다. 그렇게 거대해진 음악 앞에서 응축된 무언가가 터져 나오는 듯한 쾌감을 느끼게 되는 거죠. 그리고 웅장함의 끝이 어디일지 궁금해지는 그 순간, 음악은

▪ 현악기의 현을 손가락으로 튕겨 음을 내는 연주 기법.

갑작스레 와르르 무너집니다.

라벨은 이 곡의 성공을 전혀 예상하지 못했다고 합니다. 큰 성공을 거두자 "이것은 음악이 아닌 관현악적 조직일 뿐이며 단순한 '실험'이었다."라고 말하며 당황해했죠. 하지만 〈볼레로〉에 담겨 있는 반복의 미학과 단계적으로 쌓아 올라가는 거대한 음향의 향연은 당시는 물론 후대 작곡가들에게도 큰 영향을 준 의미 있는 작품이 되었습니다.

'반복'은 말 그대로 '반복'되기에 의미가 있는 것입니다. 반복에 반복을 거듭하며 거대한 음악적 건축물을 쌓아올린 라벨의 〈볼레로〉처럼, 지금 여러분이 '반복'하며 쌓아가고 있는 그 무언가도 언젠가 거대한 건축물이 되어 쾌감으로 돌아올 겁니다. 다만 열심히 쌓아 올린 것을 와르르 무너뜨리는 일은 없어야겠죠?

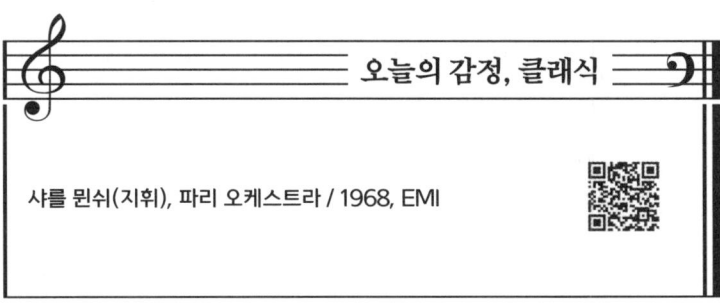

오늘의 감정, 클래식

샤를 뮌쉬(지휘), 파리 오케스트라 / 1968, EMI

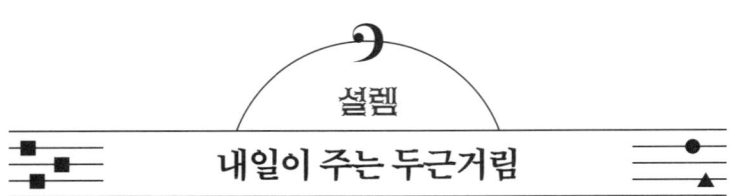

설렘

내일이 주는 두근거림

멘델스존, 교향곡 4번 가장조 Op.90 〈이탈리아〉
Felix Mendelssohn, Symphony No.4 in A Major Op.90 〈Italia〉

책, 음악, 영화, 때로는 한 잔의 술. 세상에는 감정을 말랑말랑하게 만드는 것이 참 많습니다. 지겹도록 반복되는 일상에서 마주하는 감정은 어제와 별반 다르지 않지만, 그래도 환하게 웃는 아이를 보며 덩달아 웃음 지을 수 있고 누군가의 슬픔에 함께 눈물 흘릴 수 있는 이유는 감정을 말랑하게 해주는 것이 있기 때문입니다.

같은 이유로 저는 여행을 떠납니다. 일상에서 벗어나 새로운 곳에서 마주하는 경험만큼 감정을 깊고 넓게 확장하는 것이 또 있을까요? 여행에서 오는 감정은 출발하기 전부터 시작됩니다. 계획을 세우고 짐을 싸며 여행지를 떠올리는 것만으로도 이미 우리의 마음은 '설레'기 시작하니까요. 이 설렘을 시작으로 다른 감정이 차곡차곡 쌓여나가는 것, 그렇게 쌓인 감정이 모여 커다란 덩어리가 되고, 두고두고 꺼내볼 수 있는 추억으로 남는 것이 바로 여행입니다.

설렘은 언제나 반가운 마음이 듭니다. 지인들의 여행 소식을 들을 때면 덩달아 제 마음도 설렘으로 가득 차 어디론가 훌쩍 떠나버리고 싶어지는데요. 저는 여행의 설렘으로 마음이 차오를 때마다 이 작품이 떠오릅니다. 누구보다 여행을 사랑했고 그래서 음악 여행이 아닌 진정한 의미의 여행을 마음껏 떠났던 작곡가 펠릭스 멘델스존Felix Mendelssohn, 1809-1847과 교향곡 4번 〈이탈리아〉에 담긴 이야기입니다.

우리가 알고 있는 작곡가 중에는 의외로 굴곡진 삶을 살았던 작곡가가 많습니다. 이들 삶의 굴곡은 대부분 경제적인 어려움에서 기인했죠. 브람스는 돈을 벌기 위해 어린 시절부터 술집에 나가 피아노를 연주했고, 수많은 피아노곡을 작곡했던 슈베르트는 정작 피아노 한 대를 살 여력이 없을 정도로 궁핍했습니다. 모차르트 역시 말년엔 빚에 허덕이며 친구들에게 돈을 빌리러 다녔으니, 음악가와 가난은 떼려야 뗄 수 없는 관계가 아닌가 하는 생각마저 듭니다.

하지만 멘델스존은 소위 말하는 '입에 금수저를 물고' 태어난 작곡가였습니다. 아버지 아브라함 멘델스존이 독일에서 가장 영향력 있던 은행 중 하나인 멘델스존 은행의 은행장이었으니까

부유한 집안에서 태어나 큰 역경 없이 음악인의 길을 걸을 수 있었던 작곡가 펠릭스 멘델스존.

요. 멘델스존이 열네 살이 되던 해 아버지로부터 받은 생일선물이 무려 자신이 악장을 맡는 '오케스트라'였다는 기록이 있을 정도니, 이 집안의 부가 어느 정도였을지 짐작이 가지요? 부유한 집안과 화목한 가정환경, 타고난 재능, 온화한 성격과 출중한 외모, 모든 부분에서 평균 이상이었던 그의 인생은 큰 굴곡 없이 아주 평탄했습니다(서른여덟의 이른 나이에 요절했다는 것만 제외한다면 말이죠).

경제적으로 풍족했던 멘델스존은 여행을 좋아했고 실제로 여행을 자주 떠났다고 합니다. 같은 시대를 살던 음악가들이 주로 연주 무대나 일자리를 구하기 위해 혹은 건강 이상으로 요양을 떠났던 반면, 멘델스존은 그저 관광이 목적인 진정한 의미의 여행을 떠날 수 있었던 몇 안 되는 음악가였죠. 이것을 대표하는 여행이 바로 스물한 살에 떠난 '그랜드 투어'입니다.

당시 유럽의 상류층에서는 자녀가 사회에 본격적으로 진출하기 전 유럽의 여러 나라를 여행하며 견문을 넓히는, 이른바 '그랜드 투어'가 유행이었다고 합니다. 짧게는 수개월에서 길게는 몇 년간 계속되는 여행이기에 충분한 재력이 있어야만 가능한 문화였죠. 앞서 이야기한 것처럼 멘델스존의 집안은 여력이 충분했고, 멘델스존은 3년간 영국과 이탈리아, 프랑스 등을 방문하는 기나긴 그랜드 투어를 떠나게 됩니다.

멘델스존의 하루하루는 설렘의 연속이었습니다. 새로운 장소와 사람들, 그곳에서 마주하는 온갖 경험이 멘델스존의 마음에 차곡차곡 쌓여갔죠. 그는 특히 이탈리아를 좋아했다고 합니다. 자신이 나고 자란 독일과 달리 화창한 날씨와 찬란한 태양, 푸른 바다가 있는 이탈리아의 풍경에 깊은 감명을 받은 것이죠. 매력적인 이탈리아의 풍경은 20대 젊은 작곡가의 창작욕을 자극하기에 충분했습니다.

> 지금 새로운 힘을 얻어 작곡에 몰두하고 있습니다. 〈이탈리아〉 교향곡으로 이미 많은 부분이 완성되었는데, 아마 제가 작곡한 작품 중 가장 성숙한 작품이 될 것 같아요.
>
> - 로마에서 가족에게 보낸 편지

'이탈리아'라는 부제를 가진 멘델스존의 교향곡 4번은 그렇게 탄생했습니다. 네 개의 악장에 이탈리아의 풍경과 정취, 음악, 문화유산 등을 표현했죠. 1악장의 지시어는 '매우 빠르고 생기있게Allegro vivace'인데요. 빠르게 치고 나가는 익숙한 도입부는 남부 이탈리아의 맑은 하늘과 쾌청한 공기가 눈 앞에 펼쳐지는 듯합니다. 이어지는 2악장은 서정적인 가곡 선율로 이탈리아의 종교 행사를 떠올리게 하고, 3악장은 그와 반대로 가볍고 경쾌한 리듬을 통해 여행이 주는 즐거움을 표현하고 있죠. 이탈리아의 전통 춤곡인 살타렐로와 타란텔라에서 영감을 받아 작곡된 4악장은 멘델스존의 작품으로서는 드물게 약동하는 리듬의 향연을 느낄 수 있는 악장으로 곡의 마무리를 강렬하게 장식합니다.

이 작품은 1833년 멘델스존 본인의 지휘로 영국에서 초연에 올랐습니다. 결과는 아주 성공적이었는데요. 영국 언론은 '영감이 번뜩이는 찬란한 작품'이라며 극찬을 아끼지 않았고, 슈만도 "이 곡은 우리를 이탈리아의 밝은 하늘 아래로 이끌어간다. 이 곡을 들으면 누구라도 이탈리아의 감명을 느끼게 될 것이다."라며 찬사를 보냈죠.

하지만 정작 멘델스존 본인은 그다지 만족하지 못했다고 합니다. 초연 이후 이 작품의 1악장을 제외한 모든 악장을 조금씩 수정했다고 해요. 이탈리아를 닮은 밝고 화려한 부분을 줄이는 대신 독일의 진지함을 추가하는 작업이었다고 합니다. 실제로 멘델스존은 이탈리아의 음악만큼은 그다지 좋아하지 않았습니다. 깊고 진중하며 논리적인 독일의 음악과 달리 화려하고 명랑한 그리고 선율적 아름다움을 강조하는 이탈리아의 음악이 상대적으로 가볍게 느껴진 탓이었죠. 그래서인지 멘델스존은 "나는 이탈리아의 예술이 아닌 옛 유적과 경치, 화려한 자연 속에서 음악적 영감을 얻었다."라고 분명하게 말했습니다. 결과적으로 이 곡은 멘델스존의 교향곡 하면 가장 먼저 떠오르는 교향곡으로 자리 잡았습니다.

설렘은 참 너그러운 감정입니다. 대부분의 감정은 존재감을 내세우며 몸과 마음을 지배하려 들지만 설렘은 오히려 뒤에 찾아오는 다른 감정에 기꺼이 자리를 내어주니까요. 다시 설레고 싶다면 여행을 계획하고 떠나보세요. 떠나기 전의 설렘과 그 위에 차곡차곡 쌓일 감정은 그 무엇과도 바꿀 수 없는 소중한 추억이 되어 지치고 힘들 때 큰 위로가 되어줄 겁니다.

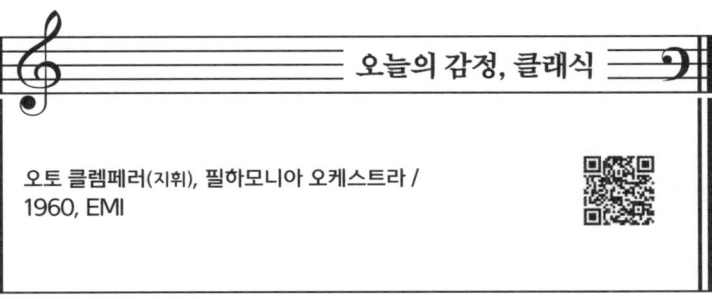

오늘의 감정, 클래식

오토 클렘페러(지휘), 필하모니아 오케스트라 /
1960, EMI

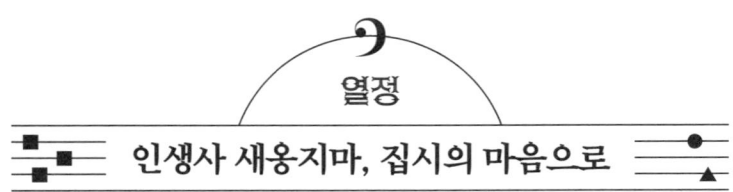

사라사테, 〈치고이너바이젠〉 Op.20
Pablo de Sarasate, 〈Zigeunerweisen〉 Op.20

초등학생 시절 중 짙게 남은 기억이 있습니다. 아버지와 저, 두 살 어린 남동생까지 주말이면 이따금 산에 올랐던 기억이죠. 동네에 있는 너무 높지도 낮지도 않은 그런 산이었는데요. 아침 일찍 출발하는 날이면 정상까지 올라 팔각정이라 불리는 정자에서 시원한 바람을 쐬다 내려왔고 조금 늦게 출발하는 날이면 중턱에 있는 헬기장까지만 올라갔다 내려오는 일정이었습니다. 산에 오르기 전 슈퍼에서 붕어 모양 아이스크림을 사 먹었고 산에서 내려와서는 목욕탕에서 때를 밀어야 비로소 그날의 등산 일정이 마무리되곤 했지요.

산은 저와 동생의 놀이터인 동시에 아버지의 강연장이 되어주었습니다. 아버지는 산을 오르며 때로는 무심하게, 때로는 열성적으로 당신의 삶과 인생철학을 이야기하셨죠. 사실 집에서 게임하는 것이 유일한 즐거움이었던 당시의 저에게는 크게 와닿지 않는 이야기였습니다. 어린 탓도 있었겠죠. 하지만 어른이 되고 나니 그때 아버지가 해주신 말씀이 이해되는 순간이 문득문득 찾아옵니다. 스승의 가르침을 뒤늦게 깨닫는 제자처럼 말입니다.

대부분 이해할 수 없던 내용으로 가득했던 아버지의 이야기 중 어렴풋하게나마 '아, 이건 무슨 말인지 알 것 같다!' 싶던 때가 있었습니다. 끝나지 않는 오르막에 온몸으로 힘든 티를 팍팍 내던 중에 아버지가 꺼낸 이야기였죠. "힘든 오르막을 다 오르고 나면 반드시 내리막이 나타난다. 오르막과 내리막이 반복되는 산처럼 인생도 오르막이 있으면 반드시 내리막이 따라오고, 내리막이 지나면 다시 오르막이 찾아온다."라는 말이었습니다.

왠지 알 것 같았습니다. 학교에서 이와 비슷한 내용의 사자성어를 배웠거든요. 맞아요. '새옹지마(塞翁之馬)'. 인생의 길흉화복은 변화가 많아 예측하기 어렵다. 길한 일이 있으면 흉한 일도 있고 재앙이 있으면 복도 찾아온다는 뜻의 사자성어죠. 도통 이해할 수 없던 아빠의 말을 조금이나마 이해했다는 뿌듯함이 몰려왔습니다. 그날의 산행은 유독 빠르게 끝났던 것 같아요.

모든 인생이 그렇듯 제 인생도 오르막과 내리막의 반복입니다. 그럴 때마다 사자성어 '새옹지마'와 아버지의 '오르내림의 철학'이 빛을 발했죠. 좋은 일이 생겼을 때는 겸손할 수 있었고 나쁜 일이 생겼을 때는 이겨낼 힘을 주었습니다. 앞으로도 오르내림을 반복하겠지만 이 두 가치를 기억하는 한, 어떤 오르막도 또는 어떤 내리막도 저를 옭아맬 수는 없을 겁니다.

'오르내림의 철학' 이른바 '인생사 새옹지마'의 정신이 그대로 담겨 있는 클래식 음악이 있습니다. 누구보다 열정적인 유랑 민족 '집시'의 선율을 그대로 담아낸 음악. 스페인의 바이올리니스트이자 작곡가인 파블로 데 사라사테Pablo de Sarasate, 1844-1908의 〈치고이너바이젠〉입니다.

사라사테는 '악마의 바이올리니스트'라 불리는 파가니니 이후 최고의 바이올리니스트라고 인정받은 인물입니다. 1844년 스페인 북부 팜플로나 지방에서 태어난 그는 바이올린에 타고난

재능을 보였고, 이를 적극적으로 지원한 아버지 덕분에 빠르게 이름을 알릴 수 있었죠. 여덟 살의 어린 나이에 첫 공개 연주회를 열 정도로 실력이 일취월장한 사라사테는 열두 살이 되던 1856년, 스페인의 여왕 '이사벨 2세'의 후원을 받아 파리 음악원에 입학합니다. 또한 경연대회 최고상을 받는

파가니니 이후 최고의 바이올리니스트라 불리며 명성을 날린 파블로 데 사라사테.

등 독보적인 바이올린 실력으로 파리 음악원을 휩쓸던 그는 졸업 이후 파리와 런던에서 성공적인 데뷔 무대를 치른 뒤 전 유럽으로 활동 반경을 넓힙니다. 신들린 듯 펼쳐지는 연주에 관객은 열광했고, 그는 바이올리니스트라 하면 제일 먼저 떠오르는 독보적인 연주자로 자리매김했죠.

동시에 사라사테는 작곡가로서도 활발하게 활동했습니다. 특히 바이올린 관련 곡을 다수 작곡하는데요. 〈치고이너바이젠〉과 여덟 개의 〈스페인 무곡〉 등을 독창성을 담아 작곡하는 한편 라벨의 〈볼레로〉와 비제의 오페라 〈카르멘〉 등 타 작곡가들의 작품을 바이올린을 위한 곡으로 편곡하기도 했습니다. 그가 작곡하거나 편곡한 음악은 지금도 바이올리니스트들의 주요 레퍼토리에 빠지지 않고 있죠. 그 대표적인 작품이 〈치고이너바이젠〉입니다.

'치고이너바이젠'은 '집시'를 뜻하는 독일어 Zigeuner와 '선율'을 뜻하는 Weisen의 합성어로 '집시의 선율'이란 뜻입니다. 사라사테가 헝가리를 여행하며 수집한 집시의 선율을 주제로 작곡한 곡이죠. 집시 음악은 그들의 민족성답게 직설적이고 감정적입니다. 아주 격하게 기뻐하거나 반대로 온 힘을 다해 슬퍼하는 극한의 표현이랄까요. 집시의 대표 춤곡인 '차르다시Csárdás'의 구성을 살펴보면 바로 이해가 됩니다. 차르다시는 느린 템포의 '라싼Lassan'과 빠른 템포의 '프리스카Frisca' 단 두 부분이 번갈아 등장하는데요. 먼저 라싼은 집시의 애환과 우울 등의 감정을 담고 있는 부분입니다. 우울하고 애수 넘치는 선율이 아주 느리게 진행되는 것이 특징이죠. 반대로 프리스카는 원시적이고 야성적인 기질과 열정, 기쁨, 환희 등을 담고 있습니다. 빠른 템포에 맞춰 격정적인 선율이 휘몰아치는 것이 특징입니다. 감정은 물론 음악적으로도 양극단에 있는 부분이 번갈아 등장하며 음악의 분위기를 빠르게 전환하는 것이 마치 예고 없이 찾아오는 인생의 오르막과 내리막을 표현하는 듯합니다.

사라사테의 〈치고이너바이젠〉도 이런 집시 음악의 특징을 그대로 담아내었습니다. 1악장의 단일 악장으로 구성된 작품이지만 크게 네 부분으로 나누어 볼 수 있는데요. 1부는 강렬한 선율로 대표되는 유명한 도입부의 '보통 빠르기'입니다. 이어지는 2부 '느리게 Lento'와 함께 집시의 우울함을 소재로 작곡된 부분이죠. 느리고 웅장한 선율에서 펼쳐지는 바이올린의 애수 넘치는 선율이 압권입니다. 3부는 '조금 더 느리게 Un Poco Piu Lento'인데 1, 2부와 마찬가지로 '라싼'에 해당하는 부분입니다. 슬픔과 애절함의 감정이 음악 전체를 지배하지만 곧이어 찾아올 격동의 순간을 알고 있기라도 하듯 상행하는 선율과 함께 마무리되죠. 4부는 그토록 기다리던 '프리스카'의 순간입니다. 집시 특유의 야성, 열정, 광적인 환희와 격동을 표현한 부분으로 급변하는 오케스트라의 반주 위에서 거침없이 질주하는 바이올린의 독주에 정신없이 빠져들게 됩니다. 〈치고이너바이젠〉은 풍부한 감정과 특출난 기교를 요구하는 곡이라서 사라사테가 살아있을 당시 에는 본인을 제외하고는 완벽하게 연주하는 사람이 없었다고 합니다. 물론 지금은 훌륭한 바이올리니스트들의 등장으로 이 곡의 감성과 음악성을 십분 느껴볼 수 있지만요.

집시의 선율에서 '인생사 새옹지마'의 정신을 배웁니다. 쉴 틈 없이 휘몰아치는 인생의 희로애락, 길흉화복, 흥망성쇠는 마치 라쌴이 지난 뒤 프리스카가 찾아오고, 프리스카가 끝난 뒤 라쌴이 찾아오는 집시의 음악과 닮아있죠. 두 양극단은 서로를 더 빛나게 만들어 줍니다. 집시의 열정은 사실 그들의 애환이 있기에 가능했다는 것, 내리막이 수월한 건 그만큼 높고 험한 오르막을 올랐다는 것. 내리막이 끝난 뒤에는 또 어떤 오르막이 찾아올지 모른다는 것을 기억하며 언제나 집시의 마음으로 살아야겠습니다.

 오늘의 감정, 클래식

야샤 하이페츠(바이올린), 윌리엄 스타인버그(지휘) RCA 빅터 심포니 오케스트라 / 1951, RCA

5부
—
애
(愛 사랑)

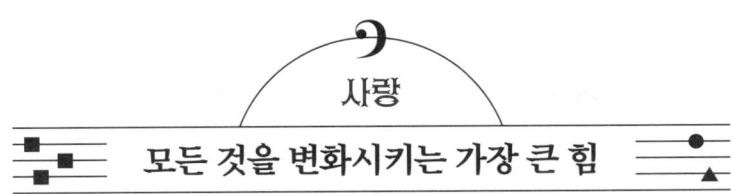

사랑

모든 것을 변화시키는 가장 큰 힘

슈만, 《미르테의 꽃》 Op.25 No.1 〈헌정〉
Robert Schumann, 《Myrthen》 Op.25 No.1 〈Widmung〉

> 작은 생명체로서 우리는 오직 사랑을 통해서만
> 우주의 광대함을 견딜 수 있다.
>
> – 칼 세이건(천문학자)

사랑이란 위대한 감정을 어떻게 설명할 수 있을까요. 문득 지금 쓰는 이 문장들이 그저 사랑에 대한 진부한 표현으로만 느껴지면 어쩌나 걱정됩니다. 차라리 조금 부끄럽지만 '사랑'으로 충만했던 제 경험을 글로 옮겨 설명을 대신해볼까 하는 생각이 드네요. 다음의 글은 당시엔 여자 친구였고, 지금은 아내가 된 그 친구에게 결혼 닷새 전 프러포즈하며 보낸 편지입니다.

안녕? 8년의 연애를 마치고 이제 5일 뒤면 연인에서 부부가 돼. 평생 행복하게 해주겠다는 그날의 고백이 무색하게 그동안 많은 일이 있었잖아. 기쁘고 행복했던 순간도 많았지만, 울기도 많이 울었고, 화도 냈고, 미움, 걱정, 그리고 실망까지…. 그럼에도 언제나 나를 믿어주고 내 옆에 있어 준 너에게 고마운 마음뿐이야.

부부라는 길도 절대 쉽지 않겠지. 여전히 다툴 일도 많을 거고 힘들고 지치는 순간도 많을 거야. 하지만 우리의 가장 큰 힘, '대화'가 있잖아? 더 많이 이야기하고 들어주고 맞춰가며 계속해서 예쁜 사랑 해보자. 그렇게 하루 이틀, 일 년, 십 년, 그 이상이 될 때까지 우리만의 이야기를 차곡차곡 쌓아가보자.

결혼이 5일 남은 지금, 너와 함께 걸어갈 새로운 길이 걱정되기보다 기대되는 나는 참 행복한 사람이야. 결혼이라고 해서 너무 거창한 느낌보다는 그저 지금까지 그래왔듯 사랑하는 연인이자 가장 친한 친구, 지칠 땐 마음 편히 기댈 수 있는 든든한 남편이 되어줄게.

그날의 저처럼 1840년 9월 11일, 사랑으로 충만한 독일 청년이 있었습니다. 바로 로베르트 슈만입니다. 슈만과 클라라의 사랑 이야기는 긴 클래식 음악사를 대표할 수 있을 정도로 유명합니다. 저는 슈만의 사랑 이야기를 '사랑'과 '공감' 두 감정에 걸쳐 다뤄볼까 합니다.

1810년 독일 작센주 츠비카우에서 태어난 슈만은 한때 작곡가가 아닌 피아니스트로서의 꿈을 키우던 청년이었습니다. 그는 당시 유명한 피아노 교사였던 프리드리히 비크를 찾아가 그 집에서 하숙하며 본격적인 피아노 레슨을 받습니다. 그런데 스승인 비크에게는 애지중지하는 딸 클라라가 있었어요. 그녀는 어린 나이에 뛰어난 피아노 실력으로 주목받던 피아니스트였는데요. 비크는 최고의 교육으로 딸 클라라를 더 높은 수준의 엘리트 음악가로 성장시키려 했습니다.

아버지가 만족할 만큼 뛰어난 예술가로 성장한 클라라는 슈만을 동경합니다. 아버지의 계획대로 살아가는 자신과 달리 능동적으로 삶을 개척하는 슈만에게 매력을 느낀 거죠. 그리고 이 감정은 곧 사랑으로 발전합니다.

슈만은 아홉 살이나 어린 클라라의 애정에 부담을 느껴 그녀의 마음을 거절합니다. 그러나 계속해서 자신의 마음을 표현하는 적극적인 그녀에게 결국 마음의 문을 열며 본격적인 연애를 시작합니다. 클라라와

법정 공방 끝에 결혼이란 결실을 맺게 된 슈만과 클라라 부부.

슈만이 처음 만난 후로부터 5년 뒤, 클라라가 열여섯 살이 되던 해였죠.

둘의 사이를 알게 된 클라라의 아버지 비크의 반응은 어땠을

까요? 금지옥엽 키운 딸이 무명에 수입도 변변치 않은 슈만 따위와 사랑에 빠지다니, 비크는 죽어도 인정할 수 없었습니다. 비크는 둘의 관계를 강경하게 반대했고, 이는 클라라가 열여덟 살이 되던 해에 정식으로 결혼 허락을 구할 때까지도 변하지 않았습니다.

끊임없이 설득했지만 변함 없는 비크의 완강한 태도에 슈만은 라이프치히 법원에 결혼 허가를 요청하는 소송까지 냅니다. 치열한 공방이 오가는 오랜 법정 투쟁 끝에 법원은 슈만의 손을 들어주었습니다. 1840년 슈만이 서른 살이 되던 해였죠. 기존엔 피아노곡 위주의 작곡 활동을 펼쳤던 슈만은 그해 가곡을 폭발적으로 작곡하며 자신에게 찾아온 행복을 표현합니다. 사랑이 넘치는 행복감을 표현하기에는 가사가 있는 가곡이 제격이라 판단한 거죠. 작곡의 방향을 완전히 바꿔버릴 정도로 슈만에게 사랑은 위대했습니다.

당연하게도 그해 작곡된 슈만의 가곡은 '사랑'을 노래합니다. 대표적인 가곡집은 《미르테의 꽃》입니다. 먼저 '미르테Myrtus'는 '사랑의 속삭임' 또는 '사랑'이란 꽃말을 가지고 있는 '은매화'라는 꽃입니다. 결혼식 때 신부의 화관을 장식하는 꽃을 가곡집의 제목으로 사용해 자신의 깊은 사랑을 전한 거죠. 가곡집 안에는 괴테, 뤼케르트, 하이네, 바이런, 모젠 등 걸출한 시인들의 시에 곡을 붙인 스물여섯 개의 가곡이 담겨 있습니다. 그중 슈만의 충만한 사랑이 가장 잘 느껴지는 작품은 단연 뤼케르트의 시에 곡을 붙인 첫 번째 곡 〈헌정〉입니다.

"당신은 나의 영혼, 나의 심장, 당신은 나의 기쁨이자, 나의 고통, 당신은 나의 세계, 나는 그 안에서 살아가네."라고 노래하는 도입부부터 벅차오르는 사랑의 환희가 잘 느껴지죠.

오랫동안 부침을 겪으며 클라라에 대한 사랑이 더욱 깊어진 슈만에게 이보다 더 와닿는 시가 있었을까요? 그는 결혼식 하루 전 클라라에게 〈헌정〉이 첫 번째로 수록된 가곡집《미르테의 꽃》을 선물하며 자신의 마음을 전했습니다. 사랑하는 연인과 결혼식을 하루 앞둔 새신랑의 마음을 떠올리며 곡을 감상해보세요.

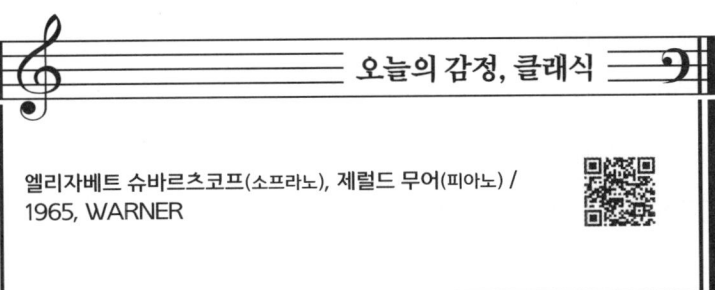

오늘의 감정, 클래식

엘리자베트 슈바르츠코프(소프라노), 제럴드 무어(피아노) /
1965, WARNER

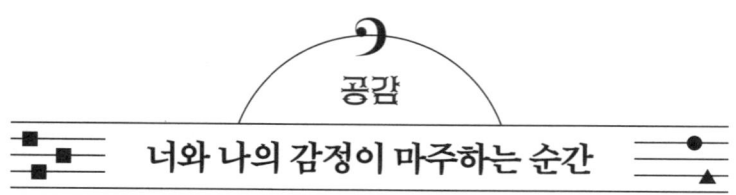

공감

너와 나의 감정이 마주하는 순간

슈만, 《시인의 사랑》 Op.48
Robert Schumann, 《Dichterliebe》 Op.48

'티키타카Tiqui-Taca'는 원래 탁구공이 빠르게 오가는 모습을 뜻하는 스페인어입니다. 하지만 요즘엔 짧은 패스를 빠르게 주고받으며 상대 수비를 흔드는 축구 전술을 가리키는 말로 더 많이 쓰이죠. 이 모습은 코드가 잘 맞는 상대와의 소통이 연상되는데요. 그래서 대화가 잘 통하거나 합이 잘 맞는 사람들을 두고 '티키타카가 잘 맞는다'는 표현을 사용하곤 합니다.

우리의 감정에서 티키타카는 중요합니다. 만약 슬픔의 '티키'를 느끼고 있는데 상대가 엉뚱한 '타카', 예컨대 '짜증'과 같은 소리를 낸다면? 이내 마음의 문은 닫혀버리고 말겠죠. 슬픔이 느껴질 때 그 슬픔을 함께 느끼는 것, 서로의 감정이 오롯이 마주하는 찰나에 '공감'은 일어납니다.

상대의 감정을 오롯이 마주하려면 먼저 상대를 인정해야 합니다. 내 편견과 가치관에 상대를 가두지 않고 있는 그대로 존중하는 것이죠. 그 후 상대의 말투와 행동, 표정을 보고 마음과 감정을 헤아려 보는 겁니다.

상대의 감정에 공감하기란 쉽지 않은 일이지만 그 힘은 실로 대단합니다. 닫힌 마음을 서서히 열어주고 깊은 상처를 치유하고 부정적인 감정으로부터 자유롭게 해주거든요. 클래식 음악에서도 제대로 된 공감이 힘을 발휘한 사례가 있습니다. 하인리히 하이네의 시에 대한 깊은 공감으로 탄생한 슈만의 걸작《시인의 사랑》에 관한 이야기입니다.

하인리히 하이네는 1797년 독일 뒤셀도르프에서 태어난 낭만주의 시인입니다. 허무주의 경향이 짙고 시대를 풍자하는 시를 많이 남겼지만 독일 가곡은 사랑에 관한 그의 시에 곡을 붙인 경우가 많습니다. 사랑에 대한 좌절과 동경, 그리움, 애틋함 등이 절절해서 작곡을 하는 데 영감의 원천이 되었기 때문이죠.

사실 사랑에 관한 하이네의 시들은 그가 이루지 못한 사랑의 경험에 기반합니다. 그 대상은 사촌 동생(!) 아말리에였죠. 젊은 시절 하이네는 작은아버지의 딸을 열렬히 사랑했습니다. 하지만 부유한 집안에서 나고 자란 아말리에는 그저 시와 문학을 좋아할 뿐 경제적으로도 여유롭지 않고 게다가 사촌오빠인 하이네의 사랑을 끝내 거절하고 부유한 농장주와 결혼식을 올립니다. 사랑에 좌절한 청년은 시를 쓰며 마음을 달랬죠. 〈눈부시게 아름다운 5월에*Im wunderschönen Monat Mai*〉, 〈나는 원망하지 않으리*Ich grolle nicht*〉 등 아름다운 시가 담긴 《서정적 간주곡*Lyrisches Intermezzo*》은 그렇게 사랑의 상처로 쓰인 시집입니다. 그리고 이 시집에 누구보다 '공감'한 작곡가가 있었으니, 그가 바로 슈만이죠.

> **어제 일찍부터 나는 새로운 27장의 악보를 썼습니다. 나는 너무 기쁜 나머지 울다 웃다 반복하며 어쩔 줄을 몰라 했습니다. 이 작품의 선율과 반주들은 나를 미치게 만들어요. 클라라! 노래를 만든다는 것이 얼마나 행복한 일인지 모릅니다.**
>
> - 슈만이 클라라에게 보낸 편지 중

사랑을 이루기까지 숱한 고난을 겪었던 슈만은 하이네의 《서정적 간주곡》을 읽으며 그 어떤 시집보다 깊이 공감했습니다. 시인과 작곡가의 감정이 오롯이 마주하는 순간이었죠. 슈만은 《서정적 간주곡》의 시 66편 중 16편에 곡을 붙여 하나의 가곡집으로 발표했습니다. 그렇게 슈만을 대표하는 가곡집 《시인의 사랑》이 탄생했습니다.

《시인의 사랑》을 작곡하던 1840년 5, 6월은 슈만이 혼인 허가 소송 1심 판결에서 승소한 뒤 비크가 제기한 항소심을 진행하던 중이었습니다. 이후 1840년 7월 《시인의 사랑》을 발표했고 같은 해 항소심 역시 승소하며 정식으로 결혼을 인정받았죠. 기쁨에 찬 슈만은 9월 12일 클라라와의 결혼식을 올렸습니다. 여기서 재미있는 사실은 이날이 클라라가 성인이 되기 단 하루 전이었다는 겁니다. 하루 뒤인 9월 13일은 클라라가 누구의 허락 없이도 결혼할 수 있는 자격이 주어지는 날이었죠. 결과적으로 단 하루를 위해 치열한 법정 공방을 벌인 셈이었습니다.

하인리히 하이네는 괴테, 쉴러와 함께 19세기 독일 문학의 거장 중 한 명으로 시인이자 작가, 기자, 문학 평론가로도 활동했다.

　　다사다난했던 1840년은 슈만에게 음악적으로도 의미 있는 해였는데요. 《시인의 사랑》의 16곡을 포함해 무려 183곡의 가곡을 작곡하며 명실상부 '가곡의 해'를 열었기 때문입니다. 총 16곡으로 구성된 가곡집 《시인의 사랑》은 크게 세 부분으로 나눠볼 수 있습니다. 사랑의 기쁨과 그로 인한 환희를 노래하는 1번 곡부터 6번 곡, 사랑의 실패와 이별의 슬픔, 원망 등을 노래하는 7번 곡부터 14번 곡, 지나간 사랑의 그리움을 은유적으로 표현하며 작품을 마무리하는 마지막 두 곡이 그것이죠. 설렘으로 시작된 시인(화자)의 사랑이 절정에 달한 뒤 이별을 겪고 그리움으로 마무리되는 과정을 밀도 높게 그려내고 있습니다. 마치 한편의 로맨틱한 단편 영화를 보는 듯합니다.

《시인의 사랑》을 감상할 때, 한 가지 팁을 알려드릴게요. 성악과 어우러지는 피아노의 선율, 성악이 등장하기 전과 후로 이어지는 피아노의 짧은 독주 선율에 귀 기울여보세요. 시의 내용과 어울리는 화성 및 선율이 음악 분위기를 극대화하여 빛을 발하는 것을 느낄 수 있을 겁니다.

클래식에 입문하는 사람들이 유독 가곡 분야에서 큰 벽을 느끼는데요. 가사가 외국어라서 공감도 흥미도 생기기 어려울 수 있습니다. 그래서 아래 QR코드에 가곡집《시인의 사랑》전 곡을 가사 번역과 함께 담아두었습니다. 각 곡의 길이가 길지 않으니 천천히 따라가면서 슈만과 하이네의 사랑에 공감해보세요. 진한 사랑의 경험이 있다면 이들에게 공감하는 것이 그리 어렵진 않을 겁니다.

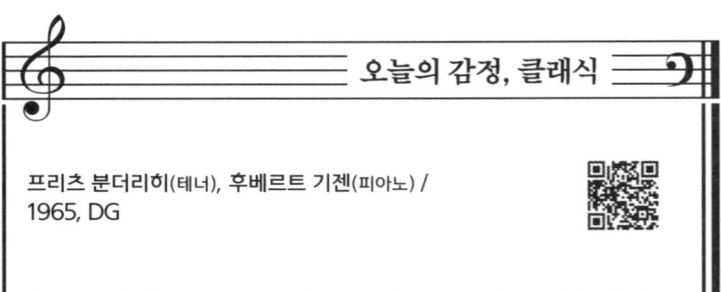

오늘의 감정, 클래식

프리츠 분더리히(테너), 후베르트 기젠(피아노) / 1965, DG

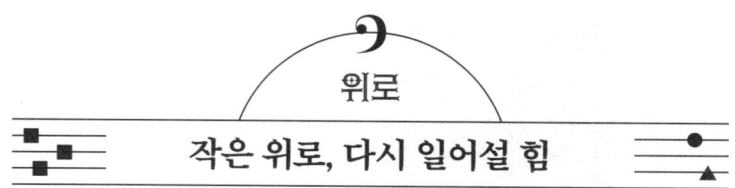

위로

작은 위로, 다시 일어설 힘

리스트, 〈6개의 위로〉 S.172 No.3
Franz Liszt, 〈6 Consolations〉 S.172 No.3

저는 동물에게 '위로'를 받는다는 것에 크게 공감하지 못하는 사람이었습니다. '애완'이 아닌 '반려'의 개념을 이해하지 못하고 사람은 사람이고 동물은 동물, 둘은 철저히 구분되어야 한다는 생각이 굳게 자리했지요. 그런데 최근 이런 생각을 완전히 바꿔 놓은 친구가 있습니다. 이름은 '둥이'. 가까운 지인의 반려견인데요. 휴가를 떠나며 저에게 일주일간 둥이를 부탁했고 오늘이 6일째 되는 날, 그러니까 내일이면 둥이는 지인의 집으로 돌아가게 됩니다. 벌써 서운한데 이를 어쩌죠?

둥이의 견종은 말티즈, 두 뼘 정도 되는 몸에 하얗고 곱슬곱슬한 털이 있습니다. 작고 귀여운 코와 눈 밑에 약간의 눈물 자국이 있어 특유의 아련한 표정으로 쳐다보면 간식을 줄 수밖에 없

튀어나온 혓바닥이 매력적인 둥이.

지요. 말티즈답지 않게 얌전해서 웬만하면 짖지 않고 애교가 많아 어딜 가든 모두의 이쁨을 받는 사랑스러운 친구입니다.

그렇다면 둥이와 저의 일주일은 어땠을까요? 연습실에서 친구 '뚜리'를 만나 놀았고, 라디오 〈세상을 여는 아침〉의 녹음 부스에서는 라디오 스태프들의 사랑을 독차지했습니다. 날씨 좋은 날엔 밖으로 나가 잔디밭을 뛰었고, 고구마도 쪄서 나눠 먹고, TV도 함께(?) 보고, 그야말로 가족보다 더 가족 같은 일주일을 보냈지요.

사실 그때 저는 목 상태가 심각하게 나빠져 많이 지쳐있었습니다. 진단명은 성대 폴립. 성대에 일종의 물집(물혹)이 생겨 목소리에 악영향을 주는 질환이었어요. 제가 하는 모든 활동이 소리와 관련된 일인데 목이 안 좋아지니 마음도 급격하게 지쳐갔습니다. 녹음 중 좌절을 느끼고 우울과 무기력에 빠져 아무것도 하지 못하는 날이 늘어갔어요. 그날도 멍하니 누워 온갖 걱정으로 시간을 보내고 있었는데 갑자기 둥이가 제 옆으로 다가오는 겁니다. 그리곤 조용히 품에 들어와 안겼습니다.

그러자 울컥하며 묘한 기분이 일었습니다. 둥이의 따뜻한 체

온이 느껴지며 위로받는 느낌이었달까요. 사람이 아닌 동물에게, 대화가 아닌 몸짓만으로 그게 가능했습니다. '아, 이게 위로구나, 때로는 말을 할 수 없는 동물이 그 무엇보다 큰 위로일 수 있구나, 그래서 '반려'라고 하는구나…' 그렇게 제 마음속 반려의 개념은 둥이의 위로와 함께 생겨났습니다.

그날의 둥이처럼 때론 음악이 삶에 큰 위로가 될 때가 있습니다. 누군가와의 이별, 타인에게서 받은 상처, 삶에 대한 좌절 등의 크고 작은 슬픔에 음악은 위로를 건넵니다. 이번에 소개할 프란츠 리스트Franz Liszt, 1811-1886의 피아노 소품 〈6개의 위로〉 역시 그런 의미에서 작곡되었습니다.

클래식 역사상 리스트만큼 다이나믹한 인생을 살다 간 작곡가가 또 있을까요? 리스트의 삶에서 가장 중요한 두 시기가 있는데요. 화려한 비르투오소▪ 연주자로서 삶을 살았던 시기와 바이마르에 정착해 왕성한 작곡 활동을 펼쳤던 시기입니다(비르투오소의 시기는 '야심' 편에서 다뤄보도록 하고, 여기서는 바이마르에서 작곡 활동하던 시기를 중심으로 이야기해 보도록 하겠습니다).

훤칠한 키에 수려한 외모, 뛰어난 피아노 실력과 그에 걸맞은 화려한 퍼포먼스까지 리스트는 엄청난 인기만큼 많은 스캔들로

▪ Virtuoso. '덕이 있는', '고결한'이란 뜻의 이탈리아어로 오늘날엔 '거장'이라 해석되곤 한다. 악기를 다루는 능력이 경지에 다다른 연주자를 일컫는 말이다.

언제나 파리 사교계에서 화제의 중심이 되었습니다. 그중 자주 언급되는 여인은 두 명, 마리 다구와 카롤리네 비트겐슈타인 부인인데요. 특히 카롤리네는 폴란드 출신 대지주의 딸로 리스트의 중후반 삶에 지대한 영향을 미친, 그래서 리스트가 유일하게 결혼을 결심했던 여인입니다.

리스트의 삶에 카롤리네가 나타난 것은 1847년 리스트가 서른여섯 살 무렵이었습니다. 우크라이나의 키이우 연주회에서 리스트의 화려한 연주에 매료된 카롤리네가 리스트에게 먼저 다가갔죠. 리스트도 화려하고 자존심이 셌던 첫 번째 연인 마리 다구와는 달리 차분하고 온화한 성품의 그녀에게 매력을 느꼈고 둘은 곧 연인 관계로 발전했습니다.

카롤리네는 리스트에게 따뜻한 격려와 조언을 아끼지 않았습니다. 이제는 나이와 명성을 고려해 떠돌이 연주자 생활을 하기보다 정착해서 작곡에 집중할 것을 제안했죠. 고민 끝에 제안을 받아들인 리스트는 독일 바이마르 궁정의 악장직을 맡았고, 그곳에서 제자 양성과 작곡 활동에 전념합니다. 카롤리네는 바이마르까지 찾아가 그를 내조하기 시작했고요.

안정적으로 작곡에만 집중할 수 있게 된 리스트는 이 시기에 〈헝가리 광시곡〉을 포함한 수많은 명곡을 작곡하며 작곡가로서의 입지를 굳혔습니다. 더불어 카롤리네와의 사랑도 점점 깊어져 둘은 결혼을 이야기하는 사이로 발전했죠. 하지만 둘의 결혼에는 커다란 걸림돌이 하나 있었습니다. 카롤리네가 남편과 딸이 있는 유부녀였거든요. 실상은 정략결혼이었고 오래전부터 남편과 별거 중이었지만 유부녀와의 연애는 비난의 대상이 될 수밖에 없었습니다.

카롤리네는 리스트와의 결혼을 위해 교황청에 정식으로 이혼을 요청했습니다. 하지만 교황청은 이를 허락하지 않았어요. 카롤리네와 남편, 그리고 그녀의 딸까지 많은 사람의 이해관계가 얽혀있던 탓이죠. 이 시기 피부병을 앓고 있던 카롤리네는 이혼 요청마저 거부되자 몸과 마음이 급격히 지쳐갔습니다. 이 모습을 바로 옆에서 지켜보던 리스트는 그녀를 위로하기 위해 작곡을 시작했죠. 그 작품이 〈6개의 위로〉입니다.

작품 제목인 '위로'는 1830년 출판된 프랑스 시인 생트 뵈브의 시집에서 가져온 시의 제목입니다. 이룰 수 없는 소망에 대한 아쉬움을 담은 시죠. 여섯 개의 피아노 독주곡으로 구성된 작품 중 가장 유명한 곡은 단연 3번 '고독 속의 신의 축복'입니다. 화려한 기교와 테크닉이 난무하는 리스트의 피아노 작품 중 드물게 서정적이면서도 달콤한, 동시에 슬픔의 여운을 짙게 느낄 수 있습니다. 왼손의 아르페지오 반주 위에 오른손의 낭만적인 멜로디가 쇼팽의 〈녹턴〉을 떠올리게 합니다. 4~5분 남짓의 짧은 곡이니만큼 지치고 힘든 날 들어보세요. 사랑하는 연인을 위로하기 위해 작곡한 리스트의 선율이 마음에 차분히 내려앉아 여러분의 하루를 위로하고 마음에 위안을 줄 겁니다.

참, 리스트와 카롤리네는 어떻게 되었을까요? 교황청은 카롤리네의 이혼은 허가했지만 리스트와의 결혼은 허락하지 않았습니다. 둘은 이 결정을 담담하게 받아들였고 관계는 끝을 맺게 되었죠. 카롤리네는 리스트와 헤어진 후 평생을 혼자 살았습니다.

훗날 리스트가 죽고 그로부터 8개월 후 그녀도 세상을 떠났는데요. 그녀가 남긴 유서와 함께 한 통의 문서가 발견되었습니다. 유서에는 자기 재산을 리스트 재단 설립에 사용해달라는 내용이 쓰여있었고 한 통의 문서에는 아래와 같은 내용이 담겨 있었다고 해요. 카롤리네 비트겐슈타인이 아닌, '카롤리네 리스트'라는 이름의 서명과 함께 말이죠.

남편 프란츠 리스트에게 전 재산을 상속한다. 남편은 오래도록 감사해야 할 깊은 사랑을 나에게 주었다. 교회에 온몸을 바치는 경건한 가톨릭 신도로서 남편이 허락한다면 로마에 묻히고 싶다.

- 카롤리네 리스트

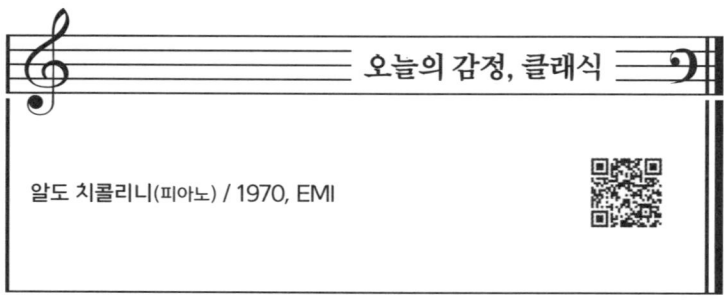

오늘의 감정, 클래식

알도 치콜리니(피아노) / 1970, EMI

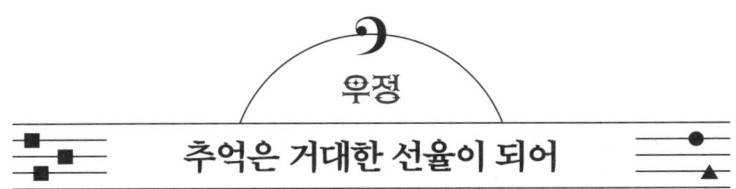

추억은 거대한 선율이 되어

무소륵스키, 〈전람회의 그림〉
Modest Mussorgsky, 〈Pictures at an Exhibition〉

'친구'에 대한 기준은 사람마다 다를 테지만 저는 친구라는 말을 들었을 때 떠오르는 얼굴이 꽤 많은 편입니다. 질풍노도 시기를 함께 보낸 초, 중, 고등학교 친구들부터 반짝반짝 빛나던 대학 생활을 함께했던 친구, 어엿한 사회인이 된 이후 만난 친구, 여행 등 우연한 기회로 만난 친구까지 모두 각각의 추억으로 가득한 이들이죠.

글을 쓰며 한 명씩 떠올려보니, 문득 친구라고 생각하는 그 친구는 저를 지인 정도로 생각할 수도 있겠다는 생각이 듭니다. 그렇다 해도 크게 서운하진 않습니다. 앞서 말한 것처럼 친구의 정의는 사람마다 다르니까요. 친구들 사이에서 느껴지는 '우정의 밀도'가 각기 다른 것처럼 말입니다.

우정의 밀도에 대한 제 정의는 '얼마나 많은 비(非)생산적인 시간을 함께 보냈는가'입니다. '비생산적인' 시간이라니 다소 의아하게 느껴질 수도 있겠습니다. 하지만 우정에서만큼은 '생산'이 아닌 '비생산'적인 시간이 훨씬 큰 효과를 발휘합니다.

친한 친구들과의 시간을 떠올려보세요. 이미 알고 있는 과거 이야기, 매번 같은 장난과 농담에도 터지는 웃음, 진지하게 이야기를 나누면 그 마음 알아주고 달래주는 친구들. 경제활동을 하는 것도 아니고 새로운 가치를 창출하지도 않지만 그렇게 시간이 쌓이면서 우정의 밀도는 점점 높아지고 있었을 겁니다. 마치 춘추시대 백아와 종자기가 보여준 '백아절현'의 우정처럼 말이죠.

'백아절현(伯牙絶絃)' 백아가 거문고 줄을 끊었다는 뜻으로 자신을 알아주는 참다운 벗의 죽음을 슬퍼한다는 의미의 고사성어입니다. 거문고를 잘 타기로 소문난 백아와 그의 친구 종자기는 함께 시간 보내길 즐겼습니다. 백아가 달빛을 떠올리며 거문고를 타면 종자기는 '달빛이 참으로 아름답다'며 그 뜻을 알아차리고, 백아가 높은 산 또는 흐르는 물을 떠올리며 거문고를 탈 때면 종자기가 그 속뜻을 맞추었습니다. 백아는 "내 거문고 소리는 결코 자네를 피할 수 없다."며 감탄했죠.

둘 중 먼저 세상을 떠난 이는 종자기였습니다. 백아는 큰 슬픔에 빠져 거문고를 들고 종자기의 무덤에 찾아가서 절절한 슬픔이 묻어나는 마지막 한 곡을 연주한 뒤 "이제 내 연주를 이해하는 진정한 벗이 없으니 거문고를 탈 이유가 없다."고 탄식했답니다. 그러곤 거문고 줄을 끊어버린 후 다시는 거문고를 연주하지 않았다고 해요.

백아와 종자기가 생산적인 일을 함께한 것은 아니었죠. 그저 함께 음악을 듣고 웃고 떠들며 비생산적인 시간을 흘려보낸 건데요. 이렇듯 쌓여간 비생산적인 시간이 깊은 우정으로 발전한 겁니다. 백아가 세상을 떠난 친구를 기리며 거문고 줄을 끊어버렸다면 지금 소개할 작곡가는 친구를 기리며 거대한 작품을 작곡한 러시아 민족음악의 부흥을 이끈 작곡가 모데스트 무소륵스키Modest Mussorgsky, 1839-1881의 이야기입니다.

무소륵스키는 어머니에게 피아노를 배웠던 어린 시절을 제외하면 음악에 대한 지식 대부분을 정규 음악 교육이 아닌 독학으로 채웠습니다. 작곡 레슨은 음악과 전혀 관련 없는 직업을 가진 후에야 비로소 받을 수 있었죠. 당시 러시아 귀족들은 군인이나 공무원을 직업으로 삼는 것을 당연하게 여겼기에 무소륵스키도 집안의 뜻을 따라 사관학교에 진학했던 것입니다.

하지만 정규 음악 교육을 받지 못했다는 것이 오히려 무소륵스키의 강력한 무기가 되었습니다. 다른 작곡가에게서는 느낄 수 없는 대담하고 독창적인 음악이 이를 방증하죠. 뒤에서 다시 이야기하겠지만, 무소륵스키는 러시아의 아마추어 작곡가 모임인 '러시아 5인조'▪ 중 한 명이었습니다. 그는 러시아 5인조와 함께 러시아만의 독창적인 음악에 대해 고민하고 나아가 전 유럽에 러시아의 특징적인 음악을 널리 알리려 노력했습니다. 러시아 5인조의 나머지 작곡가들은 물론, 건축가이자 화가인 빅토르 하르트만, 평론가 블라디미르 스타소프 등 예술계 사람들이 그와 뜻을 함께했습니다.

특히 하르트만과의 사이는 각별했습니다. 하르트만이 다섯 살 더 많았지만 격의 없이 예술관을 터놓으며 백아와 종자기처럼 돈독한 친구가 되었죠. 무소륵스키와 하르트만은 서로의 예술적 감각과 재능을 높게 평가했습니다. 하지만 1873년, 그러니까 둘이 친분을 맺기 시작한 지 3년째 되는 해 하르트만이 세상을 떠났습니다. 서른아홉이라는 젊은 나이였죠. 그리고 이 소식을 전해 들은 무소륵스키는 큰 상심에 빠졌습니다.

마찬가지로 하르트만의 죽음을 슬퍼하던 평론가 스타소프는 이듬해 상트페테르부르크에서 하르트만의 추모전을 여는데요. 하르트만의 수채화와 유화, 건축 스케치를 포함해 400여 점의 작품을 전시한 제법 큰 규모의 추모전이었다고 합니다. 무소륵스키도 추모전에 방문해 하르트만이 남긴 유작을 관람했습니다. 감상이 깊어질수록 하르트만과의 추억이 짙어져 그는 추모전을

▪ 밀리 발라키레프, 세자르 큐이, 알렉산드르 보로딘, 모데스트 무소륵스키, 니콜라이 림스키-코르사코프로 구성된 러시아의 국민악파 작곡가 그룹. '무시' 편에서 자세히 다룬다.

보며 받은 영감을 음악으로 표현해야겠다고 결심합니다. 무소 륵스키의 대표 작품 〈전람회의 그림〉에는 이런 아름다운 사연 이 담겨 있습니다.

〈전람회의 그림〉은 원래 총 열 개의 곡으로 구성된 피아노곡 이었습니다. 하지만 이 곡의 힘차고 개성적이며 역동적인 색채 감은 작곡가들에게 관현악적 영감을 주기 충분했나 봅니다. 모 리스 라벨 등 여러 작곡가가 관현악곡으로 편곡한 덕분에 오늘 날에는 관현악 편곡 버전(특히 라벨의)으로 유명한 곡이 되었죠.

〈전람회의 그림〉 곡 순서를 살펴보면 눈에 띄는 것이 있습니 다. 곡의 중간중간 삽입된 '프롬나드 Promenade'입니다. '산책'이란 뜻으로 전시장에 들어온 관람객의 느릿한 발걸음을 묘사한 건 데요. 그림을 감상한 뒤 다음 작품으로 발걸음을 옮기는 사람들 의 모습을 표현한 것입니다. 즉 무소륵스키는 평면의 그림이 아 닌 전시장이라는 공간을 음악에 담아낸 것이죠. 반복적으로 등 장하는 프롬나드가 주선율과 간주 역할을 담당하며 작품 전체의 분위기를 끌어가고, 다음 곡들이 차례로 등장하며 개성 있는 선 율이 펼쳐집니다. 프롬나드를 제외한 나머지 곡들은 하르트만의 회화 작품을 표현한 것이고요.

〈전람회의 그림〉 곡 순서

- 프롬나드(Promenade)

1곡. 난쟁이(Gnomus)

- 프롬나드(Promenade)

2곡. 오래된 성(Il vecchio castello)

- 프롬나드(Promenade)

3곡. 튀일리 궁전(Tuileries)

4곡. 소달구지(Bydlo)

- 프롬나드(Promenade)

5곡. 달걀 껍질 속 병아리의 춤(Ballet des poussins dans leurs coques)

6곡. 사무엘 골든베르크와 쉬뮐레(Samuel Golenberg und Schmuyle)

7곡. 리모주의 시장(Limoges, Le marché)

8곡. 카타콤(Catacombae)

9곡. 암탉의 다리 위에 지은 오두막(La cabane sur des pattes de poule)

10곡. 키예프의 대문(La grande Porte de Kiev)

무소륵스키는 독창적이라는 러시아 5인조 중에서도 가장 독창적이란 평가를 받습니다. 절뚝이며 우스꽝스럽게 걸어가는 난쟁이를 불규칙한 리듬과 함께 묘사한 1번 '난쟁이', 중세 이탈리아의 오래된 성과 그 앞에서 노래하는 음유 시인의 서정적인 음악을 표현한 2번 '오래된 성', 커다란 달구지를 힘겹게 끌고 가는 소의 모습을 묵직한 저음과 함께 표현한 4번 '소달구지', 부유한 유대인 사무엘 골든베르크와 가난한 유대인 쉬밀레의 반대되는 성격을 재치있게 묘사한 6번 '사무엘 골든베르크와 쉬밀레'를 지나 〈전람회의 그림〉의 대장정을 장대하게 마무리하는 웅장한 성을 묘사한 10번 '키예프의 대문'까지. 무소륵스키의 독창적인 선율은 여러 모양으로 등장해 그 존재감을 드러내죠.

평소 듣던 음악이 조금은 무료하고 뻔하게 느껴지거나 정제되지 않은 날것의 선율이 듣고 싶을 때 무소륵스키의 음악을 권합니다. 친구를 그리며 거침없이 작곡한 거대한 선율이 분명 여러분의 마음을 요동치게 만들 거예요.

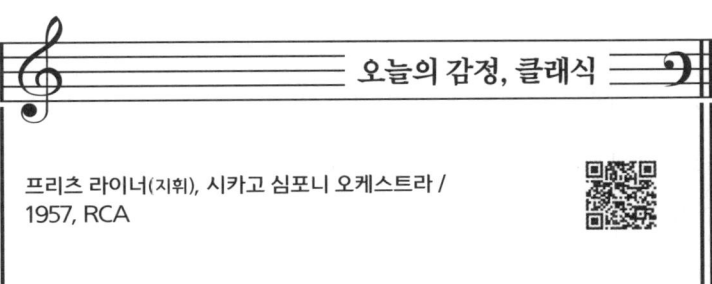

오늘의 감정, 클래식

프리츠 라이너(지휘), 시카고 심포니 오케스트라 /
1957, RCA

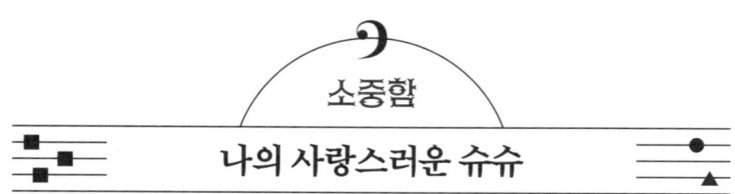
서른이라는 나이가 적지 않다고 실감하는 순간이 더러 있습니다. 잘 나온 자기 사진으로 채워져 있던 친구들의 SNS 계정이 이제는 아이들 사진으로 채워지고 있는 걸 보면 말이죠. 당장이라도 전화하면 PC방으로, 술집으로 달려 나올 것 같은 친구들이 이제 누군가의 엄마, 아빠라니…. 여전히 실감 나지 않지만 그 모습을 보며 제 삶도 크게 전환되고 있음을 느낍니다.

친구들의 SNS 분위기는 대개 비슷합니다. 아이들의 사랑스러움을 한껏 표현한 사진과 글이죠. 제가 봐도 이렇게 귀여운데 엄마, 아빠에게는 오죽할까요. '천사', '장꾸(장난꾸러기)', '공주' 등 저마다의 애칭으로 불리며 사랑을 듬뿍 받는 아이들 사진을 보면서 삼촌을 자처하는 댓글을 달고 흐뭇한 미소를 머금게 되는 요즘입니다.

이제는 '새로운 아가를 보고 싶다'는 부모님의 은근한 눈치를 보는 나이가 되었지만 저도 한때는 사랑스러운 어린아이였습니다. 나름의 애칭도 있었어요. 언제부터였는지는 모르지만 어머니는 핸드폰에 저와 제 동생을 '보물'로 저장해 두셨습니다. 저는 '보물 1호', 동생은 '보물 2호'죠. 어머니께 슬쩍 물어보니 지금도 우리 형제를 '보물'이라 저장해 두셨다고 합니다. 여전히 저는 어머니의 보물, 그 무엇보다 소중한 사람이죠. 그리고 이는 (어머니 말마따나) 제가 나이를 더 먹어도 변하지 않을 겁니다.

1905년 작곡가 클로드 드뷔시Claude Debussy, 1862-1918에게도 소중한 보물이 찾아옵니다. 보물의 이름은 '클로드-엠마Claude-Emma'. 사실 드뷔시는 여러 여성과 사귀고 헤어지길 반복하며 애인이 있어도 개의치 않고 새로운 애인을 찾아 나섰죠. 심지어 로잘리 텍시에와 결혼한 이후에도 이런 여성 편력은 계속되었습니다.

그러던 1904년 제자의 어머니 엠마 바르닥과 사랑에 빠진 드뷔시는 아내에게 이혼을 통보합니다. 그러고는 바르닥과 결혼하고 유일한 자녀, 클로드-엠마를 얻게 되죠. 드뷔시에게 엠마는 매우 특별한 존재였습니다. 그동안 느낄 수 없던 부모와 자식이라는 새로운 의미의 사랑을 깨닫게 해주었으니까요. 드뷔시는 엠마를 '슈슈'라는 애칭으로 부르며 지극정성으로 아꼈습니다.

작곡가인 아버지가 딸에게 해줄 수 있는 최고의 선물은 당연

클로드 드뷔시. 여성 편력으로 유명했지만 딸에게만큼은 다정한 아버지였다.

히 작품이겠죠? 드뷔시는 기쁨의 원천이자 행복, 살아가는 이유인 슈슈를 보며 1908년, 딸을 위한 피아노 소품 〈어린이 차지〉를 작곡합니다. 악보에 "곡에 대한 아빠의 다정한 설명을 더 해 나의 귀여운 슈슈에게"라는 헌정사를 직접 써서 말이죠.

〈어린이 차지〉에서 '차지'는 '사물이나 공간, 지위 따위를 자기 몫으로 가진다'는 뜻입니다. 즉 어린이가 차지한 땅, 어린이의 영역이라는 뜻이죠. 그래서 〈어린이 세계〉라고 번역되기도 합니다. 3~4분 내외의 짧은 여섯 곡으로 구성된 이 작품의 제목은 모두 영어로 되어 있는데요. 그 이유가 영국인 가정교사와 많은 시간을 보내는 슈슈를 생각해서랍니다.

〈어린이 차지〉에는 슈슈가 좋아하던 장난감과 아이들의 눈높이에 맞는 여러 상황을 떠올리며 작곡한 곡들이 담겨 있습니다.

1번 곡 '그라두스 아드 파르나숨 박사Doctor Gradus ad Parnassum'는 클레멘티가 작곡한 동명의 피아노 연습곡을 연주하는 한 아이의 모습을 묘사한 곡입니다. 재미있게 시작해 점점 따분해졌다가 다시 생기있게 연습을 마무리하는 아이의 모습이 그려지죠.

2번 '짐보의 자장가*Jimbo's Lullaby*'에서 '짐보'는 슈슈의 코끼리 모양 애착 인형이었다고 합니다. 슈슈가 코끼리 인형을 가지고 놀다가 잠이 드는 장면이 그려지는데요. 저음 위주의 진행을 통해 코끼리 인형이 뒤뚱뒤뚱 춤을 추는 듯한 장면을 효과적으로 묘사했습니다. 이후 작품은 슈슈가 아끼는 낡은 인형을 가지고 노는 장면을 묘사한 3번 '인형을 위한 세레나데*Serenade for the Doll*'와 추운 겨울 집안에서 내리는 눈을 바라보는 아이의 모습을 묘사한 4번 '눈은 춤춘다*The Snow is Dancing*', 목가적인 분위기의 5번 '작은 양치기*The Little Shepherd*'를 지나 작품 중 가장 잘 알려진 6번 '골리워그의 케이크워크*Golliwogg's Cakewalk*'에 접어듭니다.

6번 곡 제목의 '골리워그'는 당시 유럽에서 유행하던 흑인을 묘사한 인형이고 '케이크워크'는 19세기 말 미국의 흑인 음악에서 생겨난 춤 이름이라고 합니다. 으쓱거리는 걸음걸이가 포인트인 이 춤을 골리워그가 익살스럽게 추는 모습을 표현한 곡이죠. 강약의 조화와 리드미컬한 재즈적 요소가 잘 드러나는 아주 경쾌한 곡입니다.

앞서 소개했던 슈만의 〈어린이 정경〉과 드뷔시의 〈어린이 차지〉는 제목에 '어린이'가 있다는 공통점이 있지만 작곡 의도와 지향하는 바는 확연히 다릅니다. 슈만의 〈어린이 정경〉이 어른이 잊고 살아가는 동심과 추억을 회상하기 위해 작곡했다면, 드뷔시의 〈어린이 차지〉는 작곡가 자신이 그 누구보다 아끼고 사랑하는 한 어린이를 위해 작곡한 작품이죠.

수많은 여인에게 상처를 주었던 드뷔시도 하나뿐인 딸 앞에서는 그저 한없이 자상하고 너그러운 평범한 아버지였습니다. 여러분이 누군가의 아버지, 어머니라면 여러분의 '슈슈' 또는 '보물'과 함께 드뷔시의 〈어린이 차지〉를 감상해보세요. 딸을 아끼고 사랑한 아버지의 애틋한 마음이 느껴질 겁니다.

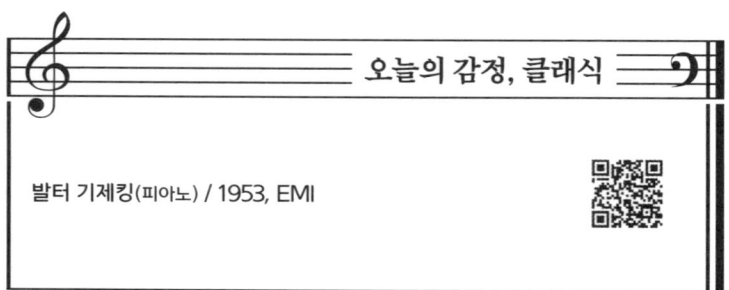

오늘의 감정, 클래식

발터 기제킹(피아노) / 1953, EMI

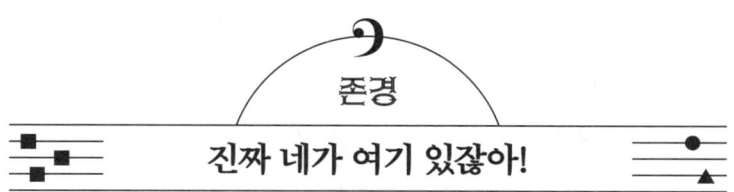

존경

진짜 네가 여기 있잖아!

피아졸라, 〈리베르탱고〉
Astor Piazzolla, 〈Libertango〉

우리말로 할 때는 사뭇 엄숙하고 진지해 입이 잘 떨어지지 않지만, 영어로 하면 조금은 가볍고 재치 있게 그 의미를 전달할 수 있는 말이 있습니다. 존경한다는 뜻의 '리스펙트Respect'가 대표적인 예죠. 누군가가 해낸 일이 대단하다고 느껴질 때, 그래서 당신처럼 되고 싶다는 마음을 전하고 싶을 때 '존경'이란 표현은 너무 무거운 느낌입니다. 뭔가 엄청나게 위대한 일을 해낸 사람에게나 할 수 있는 말 같달까요. 하지만 '리스펙'은 위에서 이야기한 뉘앙스를 담은 채 가볍게 마음을 전할 수 있습니다. "와, 리스펙!"

특히 나보다 어린 사람에게 이 의미를 전하고 싶을 때 더욱 빛을 발합니다. 사실 우리나라 문화에서 아랫사람에게 존경을 표하는 건 쉬운 일이 아니죠. 존경의 대상은 주로 스승이나 부모,

혹은 어떤 분야의 권위자인 경우가 많으니까요. 하지만 누군가를 존경한다는 것은 위아래를 떠나 그 사람의 언행이나 사상, 인격 등을 높게 산다는 것이니 아랫사람이라고 해서 존경심을 느끼지 못할 이유는 없습니다. 그래서 요즘은 후배나 동생에게 존경심이 느껴질 때 주저 없이 표현합니다.

"야, 너 진짜 리스펙한다!"

이번에 소개할 두 인물이 존경의 훌륭한 예시가 되어줄 것 같습니다. 스승은 제자를, 제자도 스승을 진심으로 존경하며 각자의 자리에서 위대한 대가의 반열에 올랐던 두 음악가, 탱고의 황제 아스토르 피아졸라*Astor Piazzolla, 1921-1992*와 나디아 불랑제*Nadia Boulanger, 1887-1979*의 이야기입니다.

피아졸라는 1921년 3월 11일, 아르헨티나의 부에노스아이레스 남부의 마르 델 플라타에서 이발사였던 아버지와 재봉사 어머니 사이에서 태어났습니다. 그의 음악 인생은 아주 특별한 악기와 함께 시작되었는데요. 바로 아버지가 선물해 준 '반도네온'이었습니다. 아코디언의 친척이라 할 수 있는 반도네온은 아르헨티나와 탱고 음악을 대표하는 악기이기도 하죠. 원래 이 악기는 독일에서 민속 음악과 교회 음악에 사용하기 위해 1840년대 하인리히 반트에 의해 처음으로 고안되었습니다. 하지만 독일 선원들에 의해 아르헨티나로 전해진 뒤 오히려 탱고 음악에서 더욱 빛을 발하는 악기가 되었죠. 정열과 애절함을 동시에 갖

춘 악기의 음색이 탱고라는 장르에 꽤 잘 어울렸기 때문입니다.

피아졸라가 등장하기 이전의 탱고는 선술집이나 카바레에서 연주되는 저급한 춤곡 취급을 받았습니다. 피아졸라는 이를 재즈 같은 하나의 독립된 장르이자 감상을 위한 음악으로 발전시켰죠. 피아졸라 자신의 말마따나 '발이 아닌 귀를 위한 탱고'의 시대를 활짝 연 것입니다.

피아졸라가 처음부터 탱고에 야심이 있던 것은 아닙니다. 목표는 오직 하나, 클래식 작곡가로서의 성공이었죠. 그는 마침 아르헨티나를 방문한 루빈스타인의 소개로 당시 아르헨티나 최고의 현대음악 작곡가라 불리던 알베르토 히나스테라를 만나 제자가 되었습니다. 이후 6년간 스트라빈스키, 바르톡, 라벨 등 클래식 작곡가들의 작품을 공부했죠. 그렇게 낮에는 클래식을, 밤에는 카바레에서 반도네온을 들고 탱고를 연주하는 이중적인 삶을 삽니다. 그는 생계를 위해 탱고를 연주해야만 했던 이때를 회상하며 자신을 '지킬 박사와 하이드'에 비유했죠.

클래식과 탱고 사이 그 어딘가에서 줄타기하며 살아가던 피아졸라에게 또 다른 기회가 찾아옵니다. 파비엔 세비츠키 작곡 콩쿠르에서 우승을 거머쥐며 장학금으로 파리 유학의 기회를 얻은 거예요. 피아졸라는 곧장 파리로 떠납니다. 그리고 그의 삶을 완전히 바꿔 놓은 스승 나디아 불랑제를 만나게 됩니다.

나디아 불랑제는 훌륭한 교육자이자 음악가의 존경을 받는 스승이었습니다. 그녀는 레너드 번스타인, 에런 코플런드, 조지

'스타일이 없으면 음악은 없다'는 확고한 교육 철학으로 수많은 거장 음악인들을 배출한 위대한 스승 나디아 불랑제.

반도네온과 함께 탱고를 클래식의 반열에 올려 놓은 '탱고의 황제' 아스토르 피아졸라.

거슈윈, 다니엘 바렌보임, 퀸시 존스, 프랑시스 풀랑크, 예후디 메뉴인, 다리우스 미요 등 많은 음악가에게 가르침을 주었죠. 그녀의 음악 교육 제1 철학은 '스타일이 없으면 음악은 없다'였습니다. 아주 간단하면서도 확고한 이 교육 철학은 수많은 거장을 배출하기에 충분했습니다.

나디아 불랑제와의 첫 만남에서 피아졸라는 자신이 작곡한 클래식 작품을 보여주었는데요. 이를 살펴본 불랑제는 "이 부분은 스트라빈스키 같고 이 부분에선 바르톡이 보이고 또 여기는 라벨이 느껴진다. 잘 쓴 작품이지만 어디에도 피아졸라는 보이지 않는다."라고 평가했습니다. 자신만의 스타일을 찾아야 한다는 그녀의 교육 철학이 담겨 있는 일침이었죠. 하지만 피아졸라의 작품에서 어딘가 평범하지 않음을 느낀 그녀는 혹시 다른 음악을 해본 적이 있느냐고 물었습니다. 피아졸라는 반도네온을 켜는 탱고 연주자라는 사실을 부끄러워하며 끝까지 숨기려 했지만 결국엔 실토하고 탱고 음악 몇 소절을 짧게 들려줍니다.

탱고 선율을 들은 불랑제의 반응은 피아졸라가 걱정하던 것과는 전혀 달랐습니다. 드디어 비밀이 풀렸다는 표정과 함께 "어휴, 진작 얘기하지! 진짜 네가 여기 있잖아. 바로 이게 피아졸라야!"라고 소리쳤죠. 그녀는 무슨 일이 있어도 진정한 피아졸라를 느낄 수 있는 탱고를 놓지 않을 것을 당부했습니다.

피아졸라는 약 18개월 동안 가르침을 받았습니다. 바흐의 대위법부터 라벨, 드뷔시 등의 프랑스 음악과 재즈까지 탱고라는 정체성을 유지하며 그 위에 수많은 음악적 지식을 더해갔죠. 제자의 스타일을 존중하는 스승과 그런 스승을 존경하며 가르침을 빠르게 흡수한 제자, 그는 아르헨티나로 돌아가 전에 없던 새로운 스타일의 탱고를 만듭니다.

새로운 탱고라는 뜻의 '누에보 탱고Nuevo Tango'는 이름 그대로 기존 탱고의 틀을 완전히 깨뜨린 파격적인 탱고였습니다. 탱고 리듬에 클래식과 재즈 선율을 더했고, 악기 구성 역시 클래식 악기와 현대 악기를 함께 구성하는 등 파격적인 시도를 서슴지 않았습니다. 새로운 스타일의 탱고를 선보이는 과정은 쉽지 않았어요. 익숙하지 않은 선율에다 카바레가 아닌 '예술의 전당'에서 울려 퍼지는 탱고라니요. 기존 연주자들은 그를 이단자로 취급하며 배척했습니다. 공연 중엔 새로운 탱고를 반대하는 관객이 난입해 무대를 난장판으로 만드는가 하면, 기존 연주자들과 시비가 붙어 주먹다짐이 오가고, 때로는 목숨에 위협을 느낄 정도로 누에보 탱고에 대한 반대는 거셌다고 합니다.

결국 피아졸라는 아르헨티나를 떠나 유럽과 미국에서 연주 및 작곡 활동을 합니다. 오히려 그것이 피아졸라와 누에보 탱고를 더욱 유명하게 만든 계기가 되었죠. 아르헨티나와 달리 전 세계 관객은 새로운 탱고에 열광하며 찬사를 보냈습니다. 피아졸라의 탱고는 새로운 탱고가 아닌 '탱고' 하면 가장 먼저 떠오르는 음악으로 입지를 굳혀갔죠.

탱고의 매력은 바로 '당김음'입니다. 사람들은 기본적으로 '쿵짝, 쿵짝'의 정박에서 안정감을 느끼는데요. 탱고는 당김음을 과감하게 사용해 안정감을 깨뜨립니다. 탱고를 들을 때 어딘가 불안정하고 거친 느낌이 난다면 바로 이 때문입니다.

〈리베르탱고〉는 스페인어로 '자유'를 뜻하는 Libertad와 '탱고'를 합친 말로 탱고의 매력을 십분 느낄 수 있는 피아졸라의 대표 작품입니다. 1973년 심장마비로 쓰러져 죽음의 고비를 한 차례 넘긴 피아졸라가 이듬해 발표한 곡으로 고전 탱고에서 누에보 탱고로 향하는 피아졸라의 음악적 변화를 상징하는 곡으로 평가되곤 하죠. 너무나도 유명한 곡이라 다양한 편곡 버전이 존재하지만 꼭 피아졸라의 원곡을, 기회가 된다면 그가 직접 연주하는 영상을 찾아보기를 추천합니다. 반복되는 선율과 리듬 안에서 펼쳐지는 거친 반도네온의 음색과 의자에 한쪽 발을 올려놓고 역동적으로 반도네온을 켜는 피아졸라의 모습에서 기존 탱고의 틀을 부숴버린 과감함과 꿋꿋하게 자신만의 길을 걸어간 우직함을 느낄 수 있습니다.

피아졸라가 막 아르헨티나로 돌아와 새로운 탱고를 시도하며 리코딩한 음반을 불랑제에게 보내자 "너의 작품들은 이미 라디오를 통해 자주 들었다. 네가 나의 제자인 것이 자랑스럽다."라고 답장을 보내며 그녀도 피아졸라를 응원했습니다. 수많은 반대에도 피아졸라가 탱고의 역사를 새로 쓸 수 있었던 건 그를 존중하며 믿어준 스승 나디아 불랑제가 있었기 때문입니다. 스승과 제자 관계에 대해 생각이 많아지는 요즘, 서로를 진심으로 리스펙했던 피아졸라와 나디아 불랑제 같은 사제지간이 더 많아졌으면 하는 마음입니다.

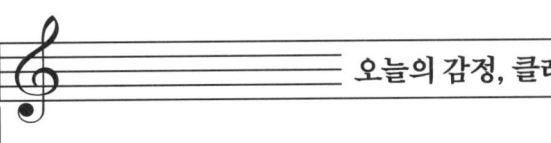

오늘의 감정, 클래식

아스토르 피아졸라(반도네온),
페르난도 수아레스 파스(바이올린), 파블로 시글로(피아노),
엑토르 콘슬레(베이스), 오스카 로페스 루이스(전자기타) /
1984, PERSONALITY

6부

—

오

(惡 미움)

Feelings of the day,
classical music

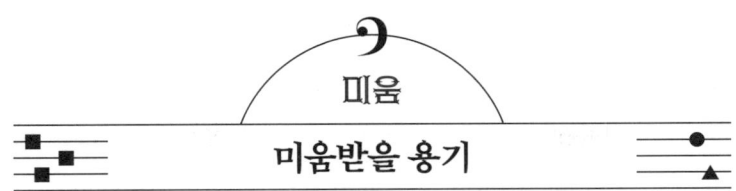

미움받을 용기

파니 멘델스존, 〈한 해〉 H.385
Fanny Mendelssohn, Das Jahr(the Year) H.385

누가 나를 미워하는 데 행복을 느낄 수 있을까요? 미움과 행복은 공존할 수 없는 감정 같습니다. 그래서 우리는 누군가의 미움을 사지 않기 위해 부단히 타인의 시선을 의식하며 살아갑니다. 행복은 나를 미워하는 사람이 없을 때라야 가능할 것 같으니까요. 이런 식으로 타인의 시선을 의식해 자신의 삶을 결정하다 보면 어느새 삶의 주도권이 타인에게 넘어가 버리는 경우가 생기기도 합니다. 자신이 원하는 학과가 아닌 부모님이 원하는 학과에 진학하거나 원치 않는 회식에 시달리는 등이 대표적이죠. 미움을 사게 될까 걱정하여 타인의 시선을 의식한 결정을 내린 겁니다. 하지만 이들이 행복할까를 생각하면, 글쎄요. 과연 그럴까요?

당연히 미움받고 싶은 사람은 없을 겁니다. 하지만 살아가다 보면 때때로 미움을 받을 수밖에 없는, 그러니까 미움받을 용기가 필요한 순간이 찾아옵니다. 나의 행복을 위하고 나를 지켜내기 위한 결정이라면 타인의 미움을 기꺼이 감내해야겠죠. 진정한 의미의 행복은 내 삶이 오롯이 내 것일 때 찾아오는 법이니까요.

여기 누구보다 미움받을 용기가 필요한 작곡가가 있습니다. 파니 멘델스존*Fanny Mendelssohn, 1805-1847*. 네, 맞습니다. 우리가 알고 있는 작곡가 멘델스존의 친누나죠. 세상과 가족의 미움을 받지 않으려 꿈을 포기했던 그녀. 그러나 미움받을 용기, 그 작고도 커다란 벽을 깨뜨린 이후 그녀의 삶은 완전히 달라졌습니다.

독일의 피아니스트이자 작곡가 겸 펠릭스 멘델스존의 누나, 파니 멘델스존.

파니 멘델스존은 펠릭스 멘델스존보다 4년 이른 1805년에 태어났습니다. 같은 집안에서, 같은 재능을 가지고, 같은 교육을 받으며 자랐죠. 하지만 둘의 삶은 많은 부분에서 달랐습니다. 단지 성별이 다르다는 이유로 말이죠.

멘델스존의 집안은 성공한 은행장이었던 아버지 덕분에

굉장히 부유했습니다. 그렇지만 그저 돈만 많은 집안은 아니었어요. 할아버지인 모제스 멘델스존이 당시 칸트와 비견될 정도의 계몽주의 철학자였거든요. 파니와 펠릭스는 아버지와 할아버지 영향 아래 문학, 철학 등 모든 분야에서 수준 높은 교육과 문화를 고루 경험할 수 있었습니다. 특히 음악에서는 피아노 연주와 작곡에 큰 재능이 보였는데요. 그래서 이 둘은 음악을 업으로 삼겠다고 결심합니다. 파니와 펠릭스의 삶이 달라지기 시작한 시점도 바로 이때부터죠. 당시 유럽 부르주아 집안에선 취미로 음악을 즐기는 여성은 결혼하기 좋은 조건이 되어 큰 자랑이 되었지만, 음악을 직업으로 삼아 돈을 벌고자 한다면 그 집안에 경제적 문제가 있다고 여겨 엄청난 불명예였거든요.

이런 시대 분위기이다 보니 전업 음악인의 길을 꿈꿨던 파니의 앞날은 불 보듯 뻔했습니다. 펠릭스에겐 온갖 지원을 아끼지 않던(그랜드 투어까지 보내주며!) 아버지였지만 파니에게는 '음악은 취미 이상의 것이 될 수 없다'고 한사코 반대했죠. 파니는 동생 펠릭스와 비교해도 뒤지지 않는, 아니 어떤 면에서는 더 뛰어났음에도 여자라는 이유로 음악을 직업으로 삼지 못합니다. 펠릭스도 반대한 건 마찬가지였습니다. 정확히 말하자면 누나의 작곡 활동은 응원하지만 악보를 출판하는 것에는 부정적이었죠. 아버지의 영향과 사회적 분위기가 크게 작용했겠지만 누나의 재능에 대한 질투와 경쟁심리, 방어기제 등이 작용했다는 이야기도 있습니다. 펠릭스는 이미 누나의 뛰어난 재능을 알고 있었으니까요. 펠릭스는 곡을 출판하기 전에 늘 파니에게 조언을 구했고, 훗날 자신보다 누나가 더 훌륭한 작곡가였다고 회상할 정도였습니다.

작품을 출판하지는 않았지만 파니는 꾸준히 작곡했습니다. 뛰어난 곡도 많았는데요. 파니의 아버지는 그중 묻히기에 아까운 가곡 여섯 곡을 골라 아들의 이름으로 출판하기도 했습니다. 물론 파니의 이름은 빼놓고 말이죠. 펠릭스 멘델스존의 작품번호 8, 9번에는 파니가 작곡한 가곡이 세 곡씩 포함되어 있답니다.

당시 사회와 가족은 반대했지만, 그녀의 꿈을 응원하는 사람이 있었습니다. 바로 남편 빌헬름 헨젤이었죠. 프로이센 왕실 화가였던 빌헬름은 곁에서 그녀를 지지하고 응원했습니다. 빌헬름과의 결혼 후 파니는 음악 살롱을 주최하는 등 전보다 더 적극적으로 음악 활동을 펼칠 수 있었죠. 살롱 연주회를 통해 파니는 자신의 곡을 연주하거나 아직 이름이 알려지지 않은 음악가들에게 연주 기회를 제공하기도 했습니다. 그렇게 파니의 살롱은 당대 유명한 살롱 중 하나가 되었죠.

살롱 연주회와 동시에 파니는 언젠가는 자신의 이름으로 출판하겠다는 목표로 피아노곡과 가곡 위주의 작곡 활동을 게을리하지 않았습니다. 하지만 언젠가부터 파니의 마음에 부정적인 감정이 조금씩 피어났습니다. 출판이 가능할지, 설령 출판하더라도 사회와 가족의 비난을 감당할 수 있을지 의문이 들기 시작한 거죠. 게다가 동생 펠릭스는 전 유럽이 알아주는 유명 작곡

가로 성장해 있었습니다. 그에
비해 자신은 기껏해야 소규모
살롱 음악회에서 연주를 펼칠
뿐이었죠. 여기에 늘어나는 가
사와 육아까지 작곡 활동은 점
점 뒷전이 되어가고 있었으니,
그녀는 점점 지쳐갈 수밖에 없
었습니다.

파니의 꿈을 응원했던 남편 빌헬름 헨젤.

　다행히 침체기는 그리 길지
않았습니다. 이듬해 떠난 이탈

리아 여행에서 창작의 동기를 다시 얻었거든요. 레오나르도 다
빈치, 미켈란젤로 등 위대한 예술가들의 작품은 그녀에게 새로운
영감을 주었습니다. 또 구노, 베를리오즈 등 동시대 걸출한 작곡
가들을 만나 이야기를 나누며 음악에 확신을 가질 수 있었죠. 그
렇게 그녀가 서른여섯 살이 되던 1841년, 이 여행에서 받은 영감
을 바탕으로 피아노 모음집 〈한 해〉를 작곡합니다.

　〈한 해〉는 제목 그대로 1월부터 12월까지를 표현한 열두 곡과
후주곡 한 곡을 더해 총 열세 곡으로 구성된 피아노 독주곡 모
음입니다. 이 작품의 악보는 아주 특별합니다. 각 달에 어울리는
삽화와 시가 함께 담겨 있죠. 악보는 각 달에 어울리는 형형색색
의 색지로 제작해서 남편 빌헬름이 삽화를 그리고 파니가 선택
한 짤막한 시를 담았습니다. 문학과 미술, 음악을 한데 담은 종

〈한 해〉 중 4월 악보. 남편 빌헬름 헨젤이 그린 삽화가 함께 그려져 있다.

합예술이었습니다.

이 작품을 계기로 파니의 미움받을 용기는 절정에 다다랐고 드디어 작품을 내놓기로 결심합니다. 출판을 말리던 아버지와 동생 펠릭스, 세상의 따가운 시선은 문제가 되지 않았습니다. 그렇게 1846년, 여섯 개의 가곡으로 구성된 작품번호 1번과 네 개의 피아노곡으로 구성된 작품번호 2번이 출판되었습니다. 이 작품들은 파니의 걱정과 우려가 무색하게 호평을 받았지요.

그러나 영광의 시기가 너무 늦게 찾아온 걸까요? 첫 작품을 출판한 지 얼마 지나지 않은 1847년 5월 14일, 파니는 마흔한 살의 나이로 급작스럽게 세상을 떠납니다. 펠릭스는 파니가 세상을 떠난 뒤 그녀가 남긴 작품 일부를 출판사에 보냈고, 이중 출판된 작품이 전해지고 있습니다. 그녀의 작품은 현재도 꾸준히 발굴되어 재조명받는 중입니다.

가수 양희은 선생님께서 자주 하는 말이 "그럴 수 있어."와 "그러라 그래."라고 하죠. 저는 '그러라 그래'를 참 좋아합니다.

이 짧은 다섯 글자 안에 타인의 시선으로부터 자유로워지는 힘이 담겨 있거든요. 누군가가 나를 미워한다면, 그리고 그 미움이 나에게 부정적인 영향을 준다면 그냥 '그러라 그래' 해보는 건 어떨까요? 사회가 정의 내린 여자의 소명과 평생 싸운 파니가 기어이 자기 뜻을 이루어냈던 그해, 동생 펠릭스에게 '그러라 그래'라며 보낸 편지의 내용과 함께 글을 마치겠습니다.

> 네가 기뻐할 일이 아니란 것을 아는데 막상 진행하려니 조금 어색하구나. 비웃고 싶으면 비웃으렴. 마치 열네 살 때 아버지를 무서워했던 것처럼 나이 마흔에 남동생을 무서워하고 있구나. 긴말할 것 없이, 나는 지금 출판을 준비 중이란다!

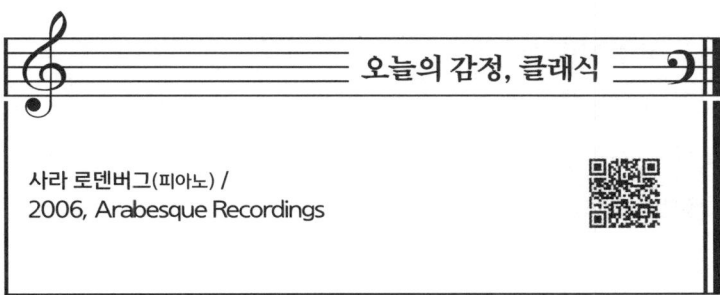

오늘의 감정, 클래식

사라 로덴버그(피아노) /
2006, Arabesque Recordings

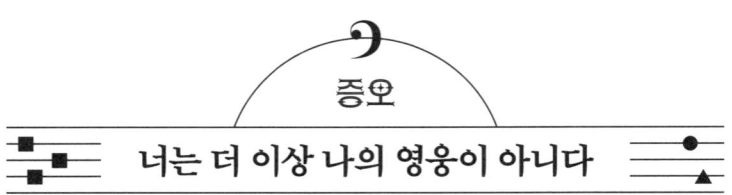

증오

너는 더 이상 나의 영웅이 아니다

베토벤, 교향곡 3번 내림마장조 Op.55 〈영웅〉
Ludwig van Beethoven, Symphony No.3 in E-flat Major Op.55 〈Eroica〉

    미움 혹은 분노가 극에 달하면 증오가 됩니다. 증오는 어떤 대상을 향해 있는 것처럼 보입니다. 그 대상이 파괴되길 바라고 극단적으로는 이를 실행에 옮기기까지 하죠. 하지만 증오는 나를 향하는 자기 파괴적인 감정입니다. 증오에 빠지면 빠질수록 파괴되는 것은 나 자신과 삶, 내가 지켜온 가치와 감정이죠. 마음에서 증오의 싹이 피어나는 순간 켜켜이 쌓아온 나의 가치체계는 무너져 내립니다. 도덕적이든 사회적이든 종교적이든 그 어떤 가치라도 말이죠. 마찬가지로 증오 앞에서는 사랑, 행복, 기쁨, 환호 등 긍정적인 감정도 존재할 수 없습니다. 그렇게 서서히 나의 삶 전체를 지배하다가 파멸로 이끄는 위험한 감정이 바로 증오입니다.

증오를 주제로 하는 영화나 드라마에서 주인공의 목적은 대부분 증오하는 상대에 대한 복수입니다. 복수를 위해 치밀한 계획을 세우고 이를 실행합니다. 마치 복수 자체가 삶의 목적이자 원동력인 것처럼 말이죠. 증오라는 감정이 삶을 지배해 모든 가치와 감정을 집어삼킨 것입니다. 하지만 이들의 결말은 어떤가요. 복수의 성공 여부를 떠나 대부분 자기 삶을 파멸하는 결말을 맞이합니다. 증오의 그림자가 서서히 짙어져 자신을 갉아먹고 있었으니까요.

음악 이야기로 돌아와서 베토벤의 이야기입니다. 베토벤 시대의 음악가들은 특정 귀족 가문 또는 왕족 등 상류층에 귀속되어 그들을 위한 음악을 만드는 것이 일반적이었습니다. 쉽게 말해 이들의 후원을 통해서만 생계를 이어갈 수 있는 일종의 계약직이었던 셈이죠. 하지만 베토벤은 달랐습니다. 그는 '프리랜서' 음악가이며 주된 수입원은 누군가의 후원이 아닌[*] 레슨과 악보 판매, 공연 수익 등이었습니다. 피아노를 비롯한 악기 교육에 대한 수요 증가, 악보출판 시장의 호황, 인세 개념의 정착 등 시대의 변화에 발맞추어 베토벤은 자신의 힘으로 경제 활동을 할 수 있었습니다. 이렇게 귀족의 눈치를 보지 않고 개성 있는 음악 세계를 구축했던 베토벤은 아홉 개의 교향곡을 비롯해 수많은 명

■ 물론 베토벤 역시 여러 귀족의 후원을 받았다. 하지만 그들에게 '소속된' 음악가는 아니었다.

곡을 남기며 시대를 초월한 위대한 작곡가가 되었습니다.

　동시대의 다른 음악가들처럼 베토벤도 고용되어 편하게 활동할 수 있었고 실력 또한 충분했습니다. 하지만 그는 누군가에게 종속된 음악가로 활동하고 싶진 않았어요. 이는 그가 가진 삶의 철학에 기반한 생각이었습니다. 베토벤은 그 누구보다 인류의 평등과 자유를 갈망했습니다. 인간이 인간 위에서 군림하고 지배하는 계급사회는 그가 지향하는 세상이 아니었죠. 그는 온 인류가 평등이라는 가치 아래 자유롭게 살아가며 박애를 실천하길 꿈꾸었습니다.

　'자유', '평등', '박애'는 18세기 말 유럽 전역을 뒤흔든 프랑스혁명의 가치입니다. 왕이 절대적인 권력을 휘두르는 절대왕정에서의 불합리한 신분제도와 불공정한 조세제도를 타파하고자 시민들이 직접 일으킨 혁명. 자유와 평등, 박애의 정신을 바탕으로 일어난 이 혁명에 베토벤은 깊이 공감하며 전폭적인 지지를 보냈습니다. 그리고 이 지지는 혁명과 전쟁의 격동을 틈타 혜성처럼 등장한 인물, 나폴레옹 보나파르트를 향했죠. 대혼란을 겪던 프랑스에서 나폴레옹이 세운 업적과 행보를 전해 들은 베토벤은 큰 감명을 받고 그를 존경하게 됩니다. 혁명 정신의 계승을 자처하며 시민 앞으로 나온 나폴레옹이야말로 자유, 평등, 박애의 정신을 실현할 영웅이 될 거라 믿었던 것입니다.

　베토벤의 존경심은 교향곡 작곡으로까지 이어졌습니다. 나폴레옹에게 헌정할 목적으로 오직 그만을 위한 교향곡 작곡에 나선 것이죠. 1803년에 시작된 작곡은 이듬해까지 이어졌고, 베토벤은 완성된 악보의 표지에 나폴레옹의 성인 '보나파르트'라고 적은 뒤 자신의 친필 서명을 남기며 곡을 마무리했습니다. 그러나 프랑스 대사관을 통해 작품을 파리로 보내려던 무렵, 베토벤에게 충격적인 소식이 들려옵니다. 나폴레옹이 스스로 프랑스 황제의 자리에 올랐다는 소식이었죠.

자크 루이 다비드의 작품 〈생 베르나르 고개의 나폴레옹〉(1801).

혁명 정신을 계승하여 자유와 평등의 세상을 만들어 줄 거라 믿었는데 스스로 황제의 자리에 올랐다니! 베토벤은 일순간 분노에 휩싸였습니다. "결국 그도 속물에 지나지 않았다. 그도 자신의 야심을 채우기 위해 모든 인간 위에 군림하며 권리를 짓밟고 폭군이 되겠지!"라고 외치며 악보 표지에 적은 '보나파르트'란 글자를 신경질적으로 지워버렸죠.

배신감에서 비롯된 베토벤의 분노는 단순한 분노에 그치지 않고 더 깊은 감정으로 나아갔습니다. 그는 나폴레옹은 물론 프랑스군까지도 '증오'하기 시작했죠. 훗날 각별한 사이였던 한 후원자의 영지에 방문했을 때, 후원자가 영지에 머무르던 프랑스

군 장교들을 위해 연주를 부탁하자 베토벤은 이를 단칼에 거절합니다. 그럼에도 요구가 계속되자 큰 언쟁으로 번졌고, 베토벤은 의자를 집어 들어 후원자에게 달려들기까지 했죠. 다행히 주변 사람들의 만류로 더 큰 사건은 일어나지 않았지만 이 일로 후원자와의 관계는 완전히 틀어져 버렸습니다. 베토벤의 불같은 성격과 나폴레옹과 프랑스군에 대한 증오가 만들어 낸 합작(?)이라 할 수 있겠습니다.

베토벤은 나폴레옹에게 헌정하겠다는 기존의 계획을 바꿔 교향곡 3번 표지에 "영웅 교향곡, 한 위대한 인물의 추억을 기리기 위하여"라는 문구를 새로 써넣었습니다. 그는 국민 위에 군림하는 황제가 아닌 국민과 함께 시대를 개혁하는 영웅을 꿈꾸었던 작곡가였으니까요.

교향곡 3번은 나폴레옹과의 일화만으로 설명되기에는 아까운 베토벤만의 독창성과 실험 정신으로 가득합니다. 먼저 약 50분에 달하는 작품의 길이부터가 인상적이죠. 당시 발표되던 일반적인 교향곡의 2~3배에 달하는 길이였습니다. 또 2악장엔 장송행진곡을, 4악장엔 장대한 변주곡을, 여기에 호른을 세 대나 배치하는 파격적인 구성이었습니다. 모든 감정을 토해내는 듯한 거칠고 정열적인 악상으로 작품을 잔뜩 채웠죠. 간결하고 명쾌한 음악에 익숙했던 당시 대중에겐 거부감을 일으키는 요인이었습니다.

베토벤 교향곡 3번 〈영웅〉 중 2악장 장송행진곡 도입부. 마치 관을 메고 행진하는 듯 현악기들이 느리고 웅장하게 선율을 연주한다.

그래서인지 이 곡의 초연은 그리 성공적이지 못했습니다. 한 평론가에게는 "끝없이 길고 전혀 압축되지 않았다. 이 교향곡은 곧 쓸모없게 될 것이다."라는 혹평을 받았을 정도였죠. 하지만 베토벤은 단 한 부분도 수정하지 않았고, 자신이 가장 좋아하는 교향곡을 이야기할 때 언제나 이 곡을 가장 먼저 꺼내 들었습니다. 가장 문제가 되었던 작품의 길이에 대해서도 "두고 보라. 머지않아 작품이 너무 짧다는 생각이 들 것"이라며 확신을 보였죠.

결과적으로 〈영웅〉 교향곡은 베토벤이 하이든, 모차르트 등 선배 작곡가의 영향에서 완전히 벗어남을 선언한, 독창적인 어법과 개성이 가득 찬 혁명적인 교향곡으로 평가되고 있습니다. 힘차고 대담한 선율이 물밀듯 밀려오는 1악장, 깊은 비애와 고뇌로 가득한 장송행진곡이 흐르는 2악장, 비극적 분위기를 단숨에 집어삼키고 약동하는 활기로 넘실대는 스케르초 3악장에 이어 강렬한 서주 이후 강한 개성과 힘의 균형을 통해 피날레로 나아가는 자유로운 변주곡 형식의 4악장까지. 베토벤 교향곡 3번 〈영웅〉은 그 어떤 작품보다 웅대하게 베토벤의 새로운 음악의 서막을 선포합니다.

베토벤은 언제나 인류의 평등과 자유를 외쳤던 작곡가입니다. 이러한 삶의 철학은 가혹한 운명과 숱한 고난을 거쳐 결국 환희로 나아가는 그의 일련의 교향곡 목록, 특히 마지막 교향곡인 교향곡 9번 〈합창〉에서 절정에 달하죠. 그의 모든 교향곡을 제대로 이해하려면 그가 마음에 담고 살아갔던 평등과 자유의 철학을 먼저 이해해야 합니다. 그는 단순히 웅장한 선율의 교향곡을 작곡한 작곡가가 아닌, 전 인류를 향해 자유와 평등의 메시지를 던졌던 작곡가였습니다.

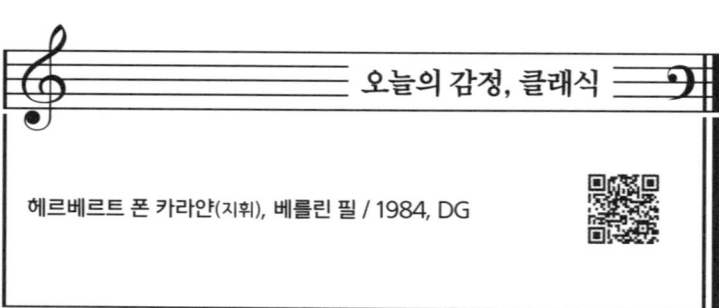

오늘의 감정, 클래식

헤르베르트 폰 카라얀(지휘), 베를린 필 / 1984, DG

무시

무시하기엔 너무나도 강력한

림스키-코르사코프, 〈셰에라자드〉Op.35
Nikolai Rimsky-Korsakov, 〈Scheherazade〉 Op.35

　무시당해본 적 있나요? 업신여기는 듯한 표정, 은근히 깔보는 말투, 없는 사람 취급…. 기분이 상당히 나쁘죠. 반대로 무시한 적은요? 헐뜯거나 한숨을 내쉬며 어쭙잖은 훈수를 두는 그런 '무시' 말입니다. 이렇게 누군가를 무시하고 나면 마음이 어떻던가요? 왠지 모를 안정감? 불안의 해소? 혹은 승리의 쾌감? 누군가를 무시하려는 마음이 들 땐 나를 되돌아봐야 합니다. 어디에서부터 시작된 건지, 혹시 누군가를 무시함으로써 내 자존감을 높이려는 건 아닌지, 아니면 남을 깎아내려서라도 마음의 위안을 얻으려는 건지 말입니다.

　반대의 경우도 마찬가지입니다. 상대가 진심으로 나를 깔보고 멸시하고 싶어서 그러는 건지 아닌지를 잘 생각해야 합니다.

하지만 일부러 무시하는 경우가 과연 얼마나 될까요? 그도 자존감을 지키기 위해 그런 걸 겁니다. 무시는 대부분 낮은 자존감에서 시작되는 경우가 많으니까요. 무시에 담긴 속뜻을 눈치챘다면, 연민으로 봐주면 될 일입니다. '스스로 빛을 낼 줄 모르니 다른 이에게 먹을 뿌려서라도 돋보이고자 하는구나'라고 말이죠.

인간은 누구나 인정받길 원하고 남들보다 우위에 서고 싶어합니다. 그 욕구가 자신을 가꾸고 발전하는 방향으로 나아가면 좋겠지만 현실에선 남을 무시해 상대적으로 쉬이 자신을 높이려는 이들이 많죠. 하지만 누군가를 아무리 무시한다 해도 진짜 힘은 바꿀 수 없는 법입니다. 마치 기존 음악계에서 별 볼 일 없는 녀석들이라며 무시했지만 꿋꿋하게 나아가 마침내 러시아 민족주의 음악을 찬란하게 꽃피운 이들처럼 말이죠. 러시아의 강력한 작곡가 무리, '러시아 5인조' 이야기입니다.

19세기 초·중반까지 러시아에서 클래식 음악은 오직 귀족만이 즐길 수 있는 문화였습니다. 독일, 오스트리아, 프랑스 등의 서유럽 음악만을 진정한 음악이라 인정하고 자국의 음악은 아마추어라 폄하하기 일쑤였죠. 이런 상황에서 러시아 음악의 정체성을 고민하고 러시아 고유의 선율을 사용하여 작곡하는 이가 나타났으니, 바로 러시아 고전음악의 아버지 미하일 글린카 *Mikhail Glinka, 1804-1857*입니다. 글린카는 "음악을 창조하는 것은 국민이고 예술가는 그것을 편곡할 뿐이다."라는 외침과 함께 러시아 클래식 음악의 기틀을 다지는 데 앞장섰습니다. 러시아의 민속 선율을 사용한 첫 오페라가 귀족들에게 '망아지의 오페라'라 조롱당하는 등 수모를 겪기도 했지만 그는 꾸준히 러시아의 독특한 선율과 리듬, 러시아 역사와 서민의 이야기를 음악에 담았고 이는 점점 발전해서 러시아 민족주의 음악의 커다란 뿌리가 되었습니다.

글린카의 민족주의 음악은 후배 작곡가에게도 큰 영향을 미쳤습니다. 대표적인 인물 중 한 명이 밀리 발라키레프Mily Balaki-rev, 1837-1910입니다. 그는 러시아 고유의 음악을 만들자는 글린카의 뜻에 공감하며 민족주의 음악가를 지원하는 활동에 적극 동참했습니다. 그들을 위한 연주 기회와 무대를 제공하고 본인 역시 민족주의를 기반으로 한 음악을 작곡하며 점차 러시아 음악계에서 지경을 넓혀나갔죠. 러시아 민족주의 음악을 위한 발라키레프의 업적 중 가장 큰 것이 러시아 5인조의 결성입니다. 러시아 5인조는 글린카의 뒤를 이어 러시아 민족주의 음악의 계보를 이어갔던 작곡가들을 말하는데요. 발라키레프 그 자신과 세자르 큐이César Cui, 1835-1918, 무소륵스키, 보로딘Alexander Borodin, 1833-1887, 림스키-코르사코프Nikolai Rimsky-Korsakov, 1844-1908 총 다섯 명으로 구성된 작곡가 모임이었습니다.

이 다섯 명의 작곡가는 전업 음악인이 아니었습니다. 군 장교나 화학자 등 다른 본업이 있으면서 음악을 취미 혹은 두 번째 직업으로 삼았던 '아마추어' 작곡가들이었죠. 이 모임을 결성한 발

러시아 5인조
(왼쪽에서 순서대로) 니콜라이 림스키-코르사코프, 모데스크 무소륵스키, 알렉산드르 보로딘, 세자르 큐이, 밀리 발라키레프.

라키레프는 수학자로 음악을 병행하던 인물이었습니다.

정규 음악 교육을 받지 않은 터라 이들은 자연스럽게 서유럽의 정통적이고 익숙한 선율이 아닌 독창적인 선율이 가득한 음악을 작곡할 수 있었습니다. 러시아 민족주의 음악을 더욱 풍성하게 만들었죠.

하지만 정규 코스에서 벗어난 이들을 기존 음악계는 인정하지 않았습니다. '음악 형식도 모르는 아마추어'라며 조롱하고 무시했죠. 하지만 5인조는 정면으로 맞섰습니다. 당시 서구 음악을 적극적으로 받아들인 차이콥스키에게 "당신의 음악엔 러시아는 없고 서유럽만 있다."라며 일침한 것이 대표적인 일화입니다. 비판이 거셀수록 이들의 음악적 정체성은 공고해졌고, 그렇게 앞서 소개한 무소륵스키의 〈전람회의 그림〉을 비롯해 발라키레프의 〈이슬라메이〉, 보로딘의 오페라 〈이고르 공〉 등 러시아의 음악과 문화를 기반으로 한 다양한 작품이 탄생할 수 있었습니다.

러시아 5인조 중 음악적으로 가장 뛰어난 성과를 보였던 작곡가는 림스키-코르사코프입니다. 해군 장교가 본업이었던 그는 1861년 발라키레프를 만나 5인조의 일원이 되었고 그에게 음악을 배우며 교향곡을 작곡하는 등 본격적인 음악 활동을 시작했죠. 해군 장교로서 바다를 항해하며 알게 된 여러 나라의 이국적 문화와 정취는 여기서 소개할 〈셰에라자드〉를 포함한 그의 작품에 큰 영감이 되었습니다. 림스키-코르사코프가 특히 두각을 나타낸 분야는 단연 '관현악'입니다. 그는 독특하면서도 화려한 관현악법을 구사했는데요. 각각의 악기가 전부 솔리스트가 된 듯 개성 넘치는 선율을 연주하는데도 모든 선율이 조화롭게 어우러져 하나의 관현악 음향으로 화려하게 흘러가는 게 인상적입니다.

〈셰에라자드〉는 1888년 창작열이 절정에 다다른 마흔세 살의 림스키-코르사코프가 동양의 구전설화 《천일야화》(아라비안나이트)에 자신의 무르익은 관현악법으로 완성한 걸작입니다.

《천일야화》는 페르시아부터 인도까지 지배했던 '샤리아르' 대왕과 후에 왕비가 되는 '셰에라자드'에 대한 이야기입니다. 샤리아르는 본래 지혜롭고 어진 왕이었는데요. 불륜을 저지른 부인을 죽이며 폭군으로 변합니다. 여자를 믿지 못하게 된 그는 매일 밤 처녀를 데려와 하룻밤을 보낸 뒤 다음날 처형하는 나날을 반복하죠. 이 소식을 들은 셰에라자드는 샤리아르와의 하룻밤을 자청합니다. 평소 독서광이었던 그녀는 샤리아르에게 재미있는 이야기를 들려주며 다음날 처형을 면하는데요. 이런 식으로 셰에라자드의 이야기에 점점 빠져들어 둘의 동침은 1,001일간 계속되었습니다. 셰에라자드의 마지막 이야기가 끝날 무렵엔 샤리아르가 그녀를 정식 왕비로 맞아들이며 현명한 왕으로 거듭난다는 것으로 《천일야화》는 끝이 납니다.

림스키-코르사코프의 관현악곡 〈셰에라자드〉는 셰에라자드가 샤리아르에게 들려준 《천일야화》 속 많은 이야기 중 네 개의 이야기를 골라 4악장의 모음곡 형식으로 표현한 일종의 표제적 관현악 작품입니다. 동양의 정취와 이국적 풍경이 화려한 오케스트레이션과 만나 환상 모험을 떠나는 듯한 기분을 느끼게 해주는 작품이죠.

1악장 '바다와 신밧드의 배'에서는 두 가지 주제 선율이 등장합니다. 먼저 등장하는 금관의 위압적인 선율은 샤리아르 왕을 표현하는 선율이죠. 다음 등장하는 바이올린의 독주는 셰에라자드를 상징하는 선율입니다. 이 두 주제 선율은 모든 악장을 유기적으로 연결하는데요. 이는 《천일야화》 속 많은 이야기가 셰에라자드의 "아, 은혜로운 왕이시여 제가 들은 바로는…"이란 대사와 함께 시작되고 "…셰에라자드는 아침 해가 뜨는 것을 보며 조용히 입을 닫았다."란 설명과 함께 끝맺는 것과 일맥상통합니다. 각각의 악장이 서로 이어지는 이야기가 아님에도 한 곡처럼 연결되는 듯한 느낌은 바로 이 두 주제 선율 덕분입니다.

이어지는 2악장 '칼렌다 왕자의 이야기'에서 '칼렌다'는 떠돌이 탁발승을 의미합니다. 도입부에서 독주 바이올린의 셰에라자드 주제 선율을 바순이 이어받아서 탁발승 왕자의 주제 선율을 연주하죠. 익살스럽기도 하고 애절하기 한 이 선율은 여러 악기를 거치며 다채로운 모습으로 등장합니다. 이후 금관 악기의 힘찬 주제가 새롭게 등장하고, 이 선율을 중심으로 림스키-코르사코프 특유의 오케스트레이션이 화려하게 펼쳐진 뒤 다시 탁발승의 주제를 선보이며 마무리되죠.

3악장 '젊은 왕자와 젊은 공주'에서는 제목 그대로 왕자와 공주의 사랑 이야기가 현악기를 중심으로 유려하고 아름답게 펼쳐집니다. 이후 스네어 드럼이 리듬에 변화를 주며 클라리넷이 통통 튀는 새로운 선율을 연주하죠. 네 개의 악장 중 가장 인기 있는 악장입니다.

4악장의 정확한 표제는 '바그다드의 축제, 바다, 청동 기사가 있는 바위에서의 난파, 종곡'입니다. 이전 악장들에서 펼쳐졌던 여러 주제 선율이 번갈아 등장하며 호화로운 축제를 벌이는 듯합니다. 축제가 끝난 뒤 바다에서 난파로 이어지는 장면은 변화무쌍한 모습의 파도를 뚫고 나아가는 거친 항해를 떠올리게 하고요. 동화《신밧드의 모험》에도 등장하는 부분으로 청동 기사가 서 있는 바위가 자석으로 만들어져 그 근처를 지나가는 배들이 모두 끌려가 난파된다는 내용을 담고 있죠.

긴 시간 폭풍처럼 몰아치던 음악은 흥분을 가라앉히며 1악장에서 나왔던 셰에라자드와 샤리아르 왕의 선율이 다정하게 어우러져 행복한 미래를 암시하며 마무리됩니다. 동양이라고 표현했지만 〈셰에라자드〉는 아랍 문화권이기 때문에 동아시아 문화권에 속하는 우리에게도 충분히 이국적입니다.

무시받는 아마추어로 시작해 누구도 무시할 수 없는 존재가 된 림스키-코르사코프와 러시아 5인조. 그들의 민족주의 음악은 훗날 서유럽으로 건너가 드뷔시의 인상주의 음악과 쇤베르크 등 현대 음악가들의 탄생에도 일조했습니다. 낭만주의 음악의 탄생 이면에는 무시하기에 너무나도 강력한 러시아의 위대한 아마추어 작곡가 다섯 명이 있었습니다.

 오늘의 감정, 클래식

에르네스트 앙세르메(지휘), 스위스 로망드 오케스트라 /
1960, DECCA

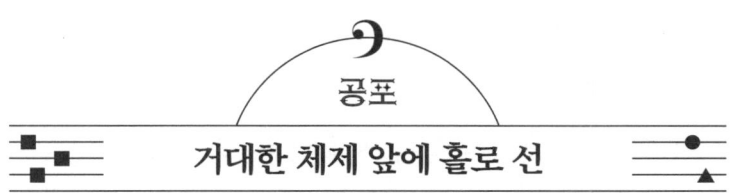

쇼스타코비치, 교향곡 5번 라단조 Op.47 〈혁명〉
Dmitri Shostakovich, Symphony No.5 in d minor Op.47

어린 시절 공포의 대상은 무엇이었나요? 이름만 들어도 등골이 오싹해지던 '빨간 마스크' 괴담? 돈가스를 사준다던 엄마의 말만 믿고 따라간 치과? 으슥한 골목길에서 '뒤져서 나오면 백 원에 한 대'라며 다정하게 삥 뜯던 형들? 시간이 지나니 피식 웃고 지나갈 추억이 되었지만(치과는 여전히 무섭지만요) 당시 저에겐 어마어마한 공포였습니다. 그리고 하나 더 어쩌면 어린 저에게 엄청난 공포였던 존재는 하필 제일 편안하게 느껴야 할 집 한가운데에 있었습니다.

그는 절대 권력이었습니다. 집안의 분위기는 언제나 그의 기분에 따라 좌지우지되었고 눈치 보며 무사히 하루가 지나가길 바라고 또 바랐죠. 그의 기분을 거스르기라도 하는 날엔 어김없이 분노와 짜증이 뒤섞인 고함이 날아들었습니다. 그 고함은 귀가 아닌 심장에 꽂혔고 반박자 빠르게 요동치는 심장을 진정시키기 위해 저는 방으로 들어가 공포를 견뎌야 했습니다.

그가 도착했음을 알리는 엘리베이터 소리는 그 어떤 소리보다 크게 울리며 평화를 깨뜨렸습니다. 그가 집에 들어옴과 동시에 집안의 공기는 무거워졌고, 각자의 자리에서 그의 기분만 살피며 그가 원하는 틀에 맞춰 말하고 행동했죠. 몇몇 기억은 너무나도 선명합니다. 표정, 목소리, 집어 든 물건, 옆에 있던 이들의 모습, TV가 켜져 있었는지 꺼져 있었는지, 어떤 조명이었는지, 나는 어떤 옷을 입고 반대로 그는 어떤 옷을 입고 있었는지. 감당하기에 버거웠던 그날의 공기와 분위기, 도망칠까 고민했던 처절한 감정이 기억 속에 살아있습니다. 우리집과 내가 속한 세계를 지배했던 할아버지. 그 존재는 저에게 가장 큰 공포였습니다.

20세기 러시아의 작곡가 드미트리 쇼스타코비치_Dmitri Shosta-kovich, 1906-1975_ 역시 거대한 공포에 마주 섰습니다. 그 존재는 이오시프 스탈린. 레닌 이후 소련의 최고 지도자 자리에서 '피의 대숙청'으로 대표되는 공포 정치를 펼쳤던 인물이죠. 스탈린의 독재와 공포 정치는 정치와 사회, 문화 예술에까지 영향을 미쳤습니다. 그는 예술에 대해 '사회주의 리얼리즘'이 창작 원칙이라고 공표했죠. 그러니까 간결하면서도 고전적인 동시에 형식은 민족적이며 내용은 사회주의적인 예술을 펼칠 것을 요구한 것입니다. 이는 강요에 가까웠는데요. 스탈린은 예술을 공산-사회주의와 자신을 미화, 찬양하는 도구로 여겼고 철저히 감시하고 통제했습니다. 이를 거부하거나 조금이라도 따르지 않는 예술가는 '숙청'하며 예술계를 극도의 긴장과 공포로 몰아넣었죠. 그야말로 어떤 음악을 작곡해야 하는지를 당이 결정하던 시대였습니다.

피의 대숙청과 함께 러시아를 공포로 물들인 스탈린.

스탈린의 공포 정치와 예술 탄압을 쇼스타코비치도 피할 수는 없었습니다. 오페라 〈므첸스크의 맥베스부인〉을 관람하던 스탈린이 불쾌감을 표하며 공연 도중 자리를 박차고 나가버린 것이죠. 공산-사회주의와 반대되는 '부르주아적 발상'이 극에 반영되었다는 것이 그 이유였습니다. 당 기관지는 '음악이 아닌 횡설수설하는 음표 더미들'이라 비판했고, 쇼스타코비치는 일순간 소련의 국보급 인물에서 인민의 적으로 전락하고 말았습니다. 거센 비난에 목숨의 위협까지 느낀 쇼스타코비치. 이후 그는 비밀경찰이 들이닥칠 때를 대비해 작은 여행 가방을 문 앞에 두고 언제든 도망칠 수 있게 대비했다고 합니다. 동료들과 가까운 지인, 친척까지 숙청당하며 하루아침에 사라지는 모습을 지켜봤

목숨의 위협을 느끼며 음악 생활을 해야 했던
드미트리 쇼스타코비치.

던 그에게 이는 단순한 공포가
아니었죠.

그는 곧 발표 예정이었던
4번 교향곡의 연주 일정을 취
소하는 등 당의 눈에 띄지 않
기 위한 최선의 노력을 기울이
며 살얼음판을 걷듯 하루하루
살아갑니다. 그러다 1년 뒤인
1937년, 쇼스타코비치는 스탈
린과 당에 새로운 교향곡으로
대답을 대신합니다. '정당한 비
판에 대한 소비에트 예술가의 창조적인 대답'이란 부제와 함께
말이죠.

이 작품이 바로 교향곡 5번 〈혁명〉입니다. 당시 스탈린의 공
포 정치를 표현하듯 느리지만 강렬하게 진행되는 1악장, 비교적
경쾌하지만 기계적인 폭력을 일삼는 영혼 없는 인간과 그들로부
터 신음하는 어린아이들의 절규를 풍자적으로 표현한 2악장, 비
극적인 영화를 보듯 어두운 정서가 일관되면서 아름답고 수려
한 선율이 흐르는 3악장, 맹렬한 관악기의 팡파르로 시작해 '(작
곡가의 말을 빌려) 이전 악장들에 붙은 모든 의문에 대한 해답'을
제시하는 4악장까지. 쇼스타코비치의 교향곡 5번은 비극과 우울
이라는 일관된 정서 위에서 느낄 수 있는 다양한 감정을 호소력

있게 전달합니다.

아이러니하게도 교향곡 5번은 비평가와 소련 당국에서 엄청난 찬사를 받습니다. "러시아 음악의 전통적인 비극성과 극적인 전개를 가진 작품, 더 밝은 미래의 비전을 들려주었다."라며 말이죠.

단번에 당의 신뢰를 회복한 쇼스타코비치. 그는 정말 자신의 신념을 굽히고 당의 입장에 부합하는 곡을 작곡하기로 마음먹은 '기회주의자'였을까요? 그 진실은 쇼스타코비치의 회고록 《증언》에 담겨 있습니다.

> (이 교향곡은) 누군가 몽둥이로 내리치면서 '너의 임무는 기뻐하는 것이다, 너의 임무는 기뻐하는 것이다'라고 말하는 것과 같다. 그러면 당신은 휘청휘청 일어나 앞으로 걸어나가며 '우리의 임무는 기뻐하는 것이다, 우리의 임무는 기뻐하는 것이다'라고 중얼거린다.
>
> - 쇼스타코비치의 회고록 《증언》 중

회고록에 따르면 교향곡 5번에서 표현된 즐거움은 '강요된 즐거움'이며 '위협 속에서 만들어진 환희'라는 것이죠. 생명의 안전을 보장할 수 없는 공포 속에서도 쇼스타코비치는 음악이라는 언어로 자신의 굳은 의지를 표현한 것이었습니다. 스탈린과 공산당이라는 거대한 체제가 눈치채지 못할 만큼 아주 절묘하게요. 이는 스트라빈스키나 프로코피예프 등 동시대의 작곡가들이 당의 억압을 피해 서구로 망명하던 시기, 소련에 남아 계속 활동하기로 선택한 쇼스타코비치가 할 수 있는 최선의 표현이었을 겁니다. 이제 쇼스타코비치의 교향곡 5번은 '거대한 체제와 타협한 기회주의자의 작품'이란 오해를 벗고, 열다섯 개에 이르는 그의 일련의 교향곡 중 가장 사랑받는 작품이 되었습니다.

언제 깨질지 모르는, 아니 무조건 머지않아 깨지게 될 평화 속에서 긴장을 달고 살아야 했던 나의 어린 시절. 주변인들의 숙청을 지켜보았고 목숨을 위협받으며 긴장과 두려움에 사로잡혀 작품 활동을 해야 했던 쇼스타코비치의 청년 시절. 원인도 규모도 다르지만 공포에 대한 크기는 다르지 않습니다. 하지만 공포는 어느 순간엔 작아집니다. 나의 몸집이 커짐과 동시에 할아버지의 몸집은 작아진 것처럼요. 저는 그렇게 사춘기가 지날 무렵에서야 비로소 공포에서 조금씩 자유로워질 수 있었습니다.

오늘의 감정, 클래식

예브게니 므라빈스키(지휘),
레닌그라드 필하모닉 오케스트라 / 1978, MELODIYA

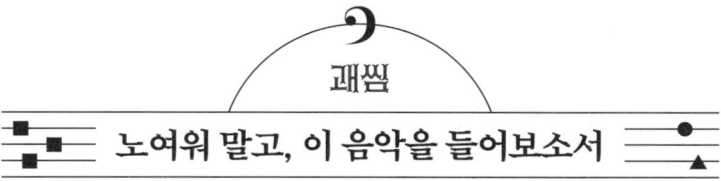

괘씸

노여워 말고, 이 음악을 들어보소서

헨델, 〈수상음악〉 HWV.349 No.2 '알라 혼파이프'
George Frideric Handel, 〈Water Music〉 HWV.349 No.2 'Alla Hornpipe'

사람 사이에는 지켜야 할 최소한의 신의, 예절이란 것이 있습니다. 예컨대 아르바이트를 그만둘 때 미리 알려 다음 아르바이트생을 구할 시간적 여유를 준다든지, 예약하고선 나타나지 않는 이른바 '노쇼No-Show'를 하지 않는다든지 같은 일이죠. 기본적인 상호 간의 예의지만 이를 지키지 않아 생기는 문제들이 심심치 않게 들리곤 합니다.

무릇 예의를 지키지 않았을 때 우리가 느끼는 감정이 있죠. 법적 잘못을 따지기엔 애매하고 그냥 지나가자니 찜찜한, 증오나 분노 같은 극단적인 감정은 아니지만 짜증 따위로 치부하기엔 분하고 밉살스러운, 그렇습니다. 이때 우리는 상대에게 '괘씸'을 느낍니다. 괘씸은 지극히 개인과 개인 간의 감정입니다. 신의를 저버린 상대로 인한 피해가 고스란히 내 몫이 되었으니 괘씸한 거죠. 만약 그 행동이 다수에게 피해를 주거나 사회의 공분을 사는 일이었다면 우리는 괘씸보다 분노나 경멸을 느꼈을지도 모를 일입니다. 그런데 만약 반대로 내가 '괘씸'의 대상이 된다면 어떻게 해야 할까요? 바로크 시대에 이런 경우에 처한 음악가가 있었습니다. 신의를 저버려 '괘씸'을 샀지만 능력으로 이 상황을 타개했던 바로크 시대 작곡가 게오르크 프리드리히 헨델George Frideric Handel, 1685-1759의 이야기입니다.

헨델은 바흐와 함께 바로크 음악을 대표하는 작곡가로, 둘은 같은 해인 1685년 독일에서 태어났습니다. 서로를 알고는 있었지만 활동 무대가 달라서 평생 마주치진 못했다고 합니다. 둘은 성격과 추구하는 음악 스타일 등 많은 부분에서 차이를 보였는데요. 바흐는 가정적인 동시에 신앙심이 깊어 평생 교회를 위한 음악을 작곡하며 독일 안에서만 활동했던 반면, 호탕한 사업가 기질을 가진 헨델은 자신의 출세와 성공을 위해 여러 나라를 돌아다니며 진취적으로 활동했습니다. 이런 헨델의 성격을 잘 보여주는 일화가 바로 게오르그 선제후■와의 일화죠.

이탈리아에서 활동하던 헨델은 1710년 6월, 독일 하노버의 게오르크 선제후에 의해 하노버 궁정 악장으로 임명됩니다. 게

■ 신성 로마 제국의 황제를 선출할 수 있는 선거권을 가진 영주를 선제후라고 한다.

오르크 선제후는 음악에 조예가 깊었기에 궁정 악단에 지원을 아끼지 않았고 헨델은 비교적 훌륭한 환경에서 악장으로 일할 기회가 주어졌죠. 하지만 명예와 출세욕이 강한 헨델에게 하노버는 한적한 시골 도시일 뿐, 영 만족할 수가 없었습니다. 마침 1년간의 휴가를 받게 된 헨델은 영국 런던으로 건너가 오페라 〈리날도〉를 공연에 올렸고 대성공을 거두었습니다. 이때부터 그는 영국이란 나라와 사랑에 빠졌습니다. 휴가 기간이 끝나 하노버로 돌아온 후에도 영국에 대한 기억이 계속해서 머릿속을 맴돌았죠. 게오르크 선제후도 헨델을 높이 평가했지만 영국이 보여준 환호에는 비할 바가 아니었습니다. 결국 1712년 '적당한 시일 내 돌아오겠다'는 조건부 허가를 받아 그는 다시 런던으로 떠납니다.

다시 한번 헨델은 런던에 오페라 〈테세오〉, 〈실라〉 등의 공연을 올려 큰 성공을 거둡니다. 더불어 앤 여왕의 신임을 얻어 자신이 꿈꾸던 성공 가도에 오르게 되죠. 헨델은 결심합니다. '촌구석 하노버가 아닌 나를 제대로 인정하는 런던에 남겠다'고 말이죠. 하노버 게오르크 선제후의 허락을 받지 않은 일방적인 통보였습니다. 게오르크 선제후는 괘씸함을 느낍니다. 몇 번이고 돌아오라고 했죠. 하지만 헨델은 이를 무시했고 이미 영국 국왕의 총애를 받게 된 헨델을 게오르크 선제후도 어찌할 도리는 없었습니다. 그렇게 둘의 인연은 여기까지인 것 같았죠.

'영국의 작곡가'로 평생 승승장구할 줄로만 알았던 헨델. 사건은 1714년에 터지고야 말았습니다. 앤 여왕이 갑자기 세상을 떠난 거예요. 앤 여왕의 뒤를 이어 왕위를 계승할 사람이 없자 왕실은 영국의 피가 흐르는 외부 인물을 찾았습니다. 바로 조지 1세였습니다. 조지George 1세와 게오르크Georg 선제후. 뭔가 이상하지 않나요? 맞습니다. '조지'는 '게오르크'의 영어식 발음입니다. 즉 헨델이 뒤통수를 쳤던 하노버의 선제후 게오르크가 새롭게 영국 국왕이 된 조지 1세였던 거죠.

헨델은 위기를 느낍니다. 게오르크 선제후가 영국 국왕이 되다니요. 자신을 괘씸하게 생각하고 있을 것이 뻔한데 어떻게 해야 노여움을 풀 수 있을지 고민하던 헨델은 특유의 빠른 두뇌 회전으로 묘책을 생각해 냅니다. 이듬해 템스강에서 진행될 국왕의 뱃놀이 연회에 알맞은 음악을 작곡하는 것이었죠. 헨델은 짧게나마 하노버에서 일했던 터라 누구보다 그의 취향을 저격할 음악을 만들 자신이 있었습니다.

그렇게 나온 작품이 〈수상음악〉 모음곡입니다. 총 세 개의 작품으로 헨델 작품번호 348번부터 350번입니다. 이 작품을 감상할 땐 알아두어야 할 것이 있습니다. '수상' 음악, 제목 그대로 일반적인 연주회장이 아닌 야외, 그것도 물 위에서 연주하는 것을 목적으로 한 작품이라는 거죠. 관악기를 적극 사용해 시끄러운 야외에서도 음악이 잘 들릴 수 있도록 했습니다. 당시 유행하던 합주 협주곡의 성격을 기본으로 이탈리아풍의 밝고 경쾌한 춤곡들이 작품 전반에 시원하게 흐르죠. 작품 중 가장 유명한 곡은 작품번호 349번의 두 번째 곡 '알라 혼파이프_Alla Hornpipe_'입니다. 여기서 Alla는 '~풍으로'를 뜻하고, Hornpipe는 16세기부터 이어진 영국의 춤곡 형식 중 하나를 뜻합니다. 3박자 계통의 혼파이프_Hornpipe_ 춤곡에 헨델의 밝고 화창한 선율과 왕실의 위엄, 우아함이 더해진 아름다운 작품입니다.

조지 1세의 뱃놀이 연회 당일, 헨델은 50여 명의 연주자들과 함께 선상에 올라 조지 1세와 귀족들이 탄 배 주위를 돌며 〈수상 음악〉을 연주했습니다. 다행히 조지 1세는 뱃놀이와 아주 잘 어울리는 이 음악을 세 번이나 반복해서 연주하라 지시했을 정도로 만족해 했고, 헨델의 능력을 인정하며 괘씸함과 노여움을 풀었다고 합니다. 그렇게 헨델은 계속해서 영국의 왕실 작곡가로 일할 수 있게 되었고, 훗날 영국으로 귀화해서 독일인이 아닌 영국인으로 살아가며 수많은 명곡을 남겼습니다.

헨델과 조지 1세의 이 일화가 진실인지 아닌지에 대해서는 신빙성 논란이 있습니다. 하지만 처세술과 임기응변에 능했던 헨델의 성격이 잘 드러난 에피소드로 전해지고 있답니다.

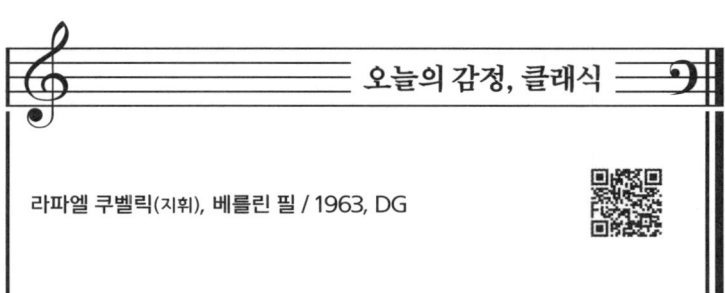

오늘의 감정, 클래식

라파엘 쿠벨릭(지휘), 베를린 필 / 1963, DG

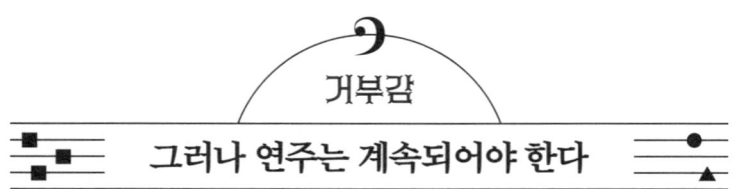

거부감

그러나 연주는 계속되어야 한다

스트라빈스키, 〈봄의 제전〉
Igor Stravinsky, 〈Le sacre du printemps(Rite of Spring)〉

　　카페 아르바이트를 하던 시절, 매일 비슷한 시간에 방문하는 손님이 있었습니다. 이 단골 손님을 기억할 수밖에 없는 이유는 주문하는 메뉴가 항상 같았고 동시에 꽤 특이했기 때문입니다.

　　"복숭아 아이스티에 에스프레소 샷 하나 추가해 주세요."

　　달달한 아이스티에 커피라니…. 처음 주문을 받았을 땐 정말 아이스티에 커피 샷을 추가하는 것이 맞는지 거듭 확인했습니다. 생소할뿐더러 상상만 해도 '거부감'이 드는 맛의 조합이었거든요. 일단 주문받은 대로 아이스티에 샷을 추가했지만 이상한 느낌을 지울 순 없었습니다. 하지만 그 손님은 너무나 해맑게 주문했고 그다음 날도, 또 그다음 날에도 항상 같은 메뉴를 주문하며 제 아침의 '거부감'을 계속 채워주었습니다.

'아샷추' 그로부터 몇 년 뒤, 저는 두 눈을 의심하지 않을 수 없었습니다. 몇 년 전 그 손님이 매일 같이 주문하던, 듣기만 해도 거부감이 들던 그 괴상한 메뉴가 메뉴판에 떡하니 자리 잡고 있었기 때문이죠. 세상에, 저는 또 물어볼 수밖에 없었습니다. 정말 아이스티에 에스프레소 샷을 추가한 그 메뉴가 맞냐고 말입니다. 돌아오는 대답은 역시나 '그렇다'. 심지어 마니아층이 있다는 대답도 함께였죠. 또 한 번 느꼈습니다. '아, 새로운 것은 끝이 없구나!'

1913년 5월 29일, 프랑스 파리의 샹젤리제 극장에 있던 관객도 엄청난 거부감을 느끼고 있었습니다. 전에 없던 새로운 스타일의 기괴한 음악이 울려 퍼지고 있었으니까요. 하지만 이 음악이 훗날 현대음악의 주춧돌이 될 거라는 걸 누가 알 수 있었을까요? 이고르 스트라빈스키*Igor Stravinsky, 1882-1971*의 〈봄의 제전〉 이야기입니다.

스트라빈스키를 제외하고 현대음악에 관해 이야기한다는 것 자체가 어불성설일 정도로 현대음악에서 그의 위상은 엄청납니다. 하지만 그도 처음부터 주목받은 것은 아닙니다. 스트라빈스키가 세상에 존재감을 드러내기 시작한 것은 세르게이 디아길레프*Sergei Pavlovich Diaghilev, 1872-1929*라는 인물을 만나 프랑스 파리로 건너가 활동을 시작한 이후부터입니다. 러시아 출신의 발레 연출가 세르게이 디아길레프는 1909년, 상트페테르부르크 음악제에서 연주된 스트라빈스키의 관현악곡 〈불꽃놀이〉와 〈환상 스케르초〉를 우연히 듣고는 단번에 이 천재 작곡가의 재능을 알아봤습니다. 그는 자신이 준비하고 있는 다음 발레 작품의 작곡을 스트라빈스키에게 부탁합니다. 그렇게 탄생한 작품이 바로 발레 음악 〈불새〉, 무명의 스트라빈스키를 일약 스타덤에 올려놓은 출세작입니다.

〈불새〉의 성공에 고무된 디아길레프와 스트라빈스키는 계속해서 작업을 이어갑니다. 그리고 이듬해 발레 〈페트루슈카〉도 초연부터 엄청난 성공을 거두며 디아길레프와 스트라빈스키의 조화가 결코 우연이 아니었음을 입증하죠. 이후 둘은 또 한 번의 성공을 기대하며 세 번째 발레 작품을 세상에 발표합니다. 이번엔 당시 최고의 주가를 달리던 스타 발레리노 니진스키가 안무가로 참여하여 더욱 기대감을 높였죠. 그렇게 샹젤리제 극장에 발레 〈봄의 제전〉이 울려 퍼졌습니다.

그런데 작품의 도입부가 연주되자 관객들은 동요하기 시작했습니다. 제법 높은 음역대의 선율을 목관 악기 중 음이 가장 낮은 바순으로 연주했기 때문입니다. 처음 들어보는 기묘하고 이상야릇한 분위기의 선율이었죠. 본격적으로 무대의 막이 오르고 무용수들이 등장하자 동요는 점차 소란으로 변합니다. 안무라기엔 너무나도 기이한 무용수들의 동작과 표정, 원시적인 의상, 불규칙한 음향과 폭발적인 리듬의 오케스트라 사운드. 거부감을 주기에 충분했죠. 신에게 살아있는 여인을 제물로 바친다는 내용의 야만성과 선정성 역시 관객들이 느끼는 거부감에 큰 영향을 미쳤을 겁니다. 당시 관객들은 차이콥스키의 〈백조의 호수〉와 같은 아름다운 선율과 안무가 펼쳐지는 러시아 발레를 기대하며 공연장을 찾았을 테니까요.

이내 객석은 찬성파와 반대파 두 부류로 나뉘어 서로에게 거친 욕설과 고성, 야유를 퍼부으며 공연장을 난장판으로 만들어 놓았습니다. 이 난동이 얼마나 시끄러웠는지 오케스트라 소리가 무대까지 들리지 않아 무대 위 무용수들에게 '하나, 둘, 셋, 넷' 박자를 외쳐주어야 했을 정도였다고 해요. 무대 뒤에서 당황한 스트라빈스키가 할 수 있는 일은 그저 관객석으로 뛰쳐나가려는 분노한 니진스키의 옷자락을 붙잡고 있는 일밖에 없었죠. 디아길레프는 이 난동을 잠재우고자 조명을 껐다 켜길 반복했지만 혼란만 더욱 가중할 뿐이었습니다.

하지만 공연은 멈추지 않았습니다. 새로운 시대를 맞이하려면 이 정도 소동은 아무것도 아니라는 듯 그날의 공연은 마지막 음표가 연주될 때까지 충실하게 이어졌습니다. 이 공연의 소식은 파리 예술계와 사교계를 중심으로 빠르게 퍼져나갔습니다. 언론은 앞다투어 보도했고 평론가들도 이 작품을 예술로 볼 것이냐 외설로 볼 것이냐를 두고 설전을 벌이며 논란에 불을 지폈죠. 한 가지 확실한 것은 음악만큼은 그동안 전혀 들어본 적 없는 새로움을 담고 있다는 것이었습니다. 낭만주의 시대에 익숙했던 화성과 선율 위주의 진행을 뒤로하고, 음향과 리듬이 음악을 이끌어가는 대담하고 파격적인 시도가 그것이었죠.

　전에 없던 새로운 것을 접할 때 우리는 막연한 두려움과 거부감을 느낍니다. 원시시대부터 생존에 유리한 방향으로 뻗어 나간 인간의 본능이죠. 하지만 세상을 바꾸는 것은 언제나 새로움을 창조하고 이를 거부하지 않은 사람들이었습니다. 불의 발견이 그랬고, 증기기관차의 발명이 그랬고, 스마트폰의 등장이 그랬던 것처럼 말이죠.

　스트라빈스키의 〈봄의 제전〉도 그렇습니다. 듣도 보도 못한 음악에 거부감을 느꼈지만, 이내 새로운 시대가 도래했음을 직감하며 받아들인 사람들이 있었습니다. 그렇게 길고 길었던 낭만시대는 저물고 그 자리엔 현대라는 이름의 거대한 새 시대가 찾아왔지요. 그 중심에 스트라빈스키와 〈봄의 제전〉이 있었고요. 그 어떤 작품보다 원시적이고 야성적이고 강렬한 동시에 파괴적인 음형과 리듬의 향연이 여러분의 감각을 깨워주리라 확신합니다.

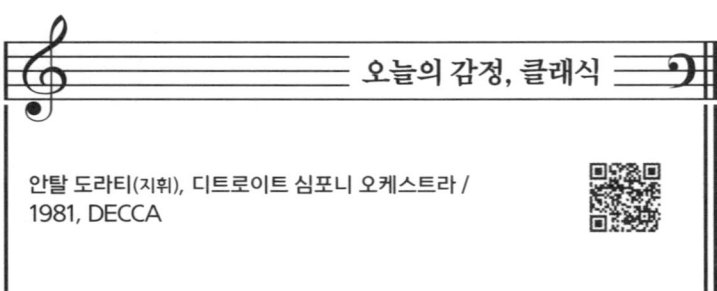

오늘의 감정, 클래식

안탈 도라티(지휘), 디트로이트 심포니 오케스트라 /
1981, DECCA

7부

ㅡ

욕

(慾 욕심)

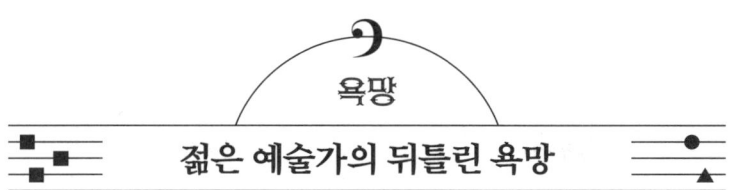

욕망

젊은 예술가의 뒤틀린 욕망

베를리오즈, 〈환상 교향곡〉 Op.14
Hector Berlioz, 〈Symphonie Fantastique〉 Op.14

"열 번 찍어 안 넘어가는 나무 없다."

본래 아무리 어려운 일이라도 노력하면 안 되는 일이 없다는 좋은 의미로 쓰이는 속담이지만 나무 입장에서 보면 참 잔인한 문장입니다. 멀쩡히 서 있는 자신을 열 번씩이나 찍어대다니, 이보다 더한 고통이 또 있을까요? 넘어갔거나 설령 넘어가지 않더라도 나무에 남은 수많은 상처는 누가 책임지나요?

비뚤어진 욕망을 로맨스라 포장하던 시대가 있었습니다. 위의 속담을 인간관계, 그중에서도 남녀관계에 대입해 잘못된 욕망을 정당화한 것이죠. 이별을 통보한 연인의 집 앞에서 기다리고, 거절 의사를 전했음에도 끊임없이 연락하고, 주변인의 개인정보까지 알아내 피해를 주는 등 누군가 로맨스라 말하는 이것은 사실 잘못된 욕망입니다. 상대는 아직 넘어가지 않는 나무가 아니라 싫은 겁니다. 우리는 누군가에게 표현하는 마음이 이기적인 도끼인지 비뚤어진 욕망은 아닌지 구분할 수 있어야 합니다. 진정한 사랑, 진짜 로맨스는 상대에 대한 존중과 배려에서 시작되는 법이니까요.

낭만주의 시대 프랑스의 작곡가였던 엑토르 베를리오즈Hector Berlioz, 1803-1869는 연상의 어느 여인을 열렬히 사랑했습니다. 그녀는 해리엇 스미드슨, 영국의 셰익스피어 극단에서 활동하던 배우였습니다. 1827년 파리에서 열린 〈햄릿〉 공연을 본 베를리오즈가 오필리아 역을 맡은 스미드슨을 보고 한눈에 반해 짝사랑을 시작한 것이죠.

엑토르 베를리오즈. 프랑스의 후기 낭만주의 작곡가로서 표제음악의 창시자이다.

스물네 살 청년 베를리오즈의 마음은 부드러운 햇살이었다가 점점 비뚤어진 욕망, 즉 도끼로 변해갔습니다. 스미드슨이 머무는 숙소를 알아내 근처에 방을 잡고 그녀의 일거수일투족을 지켜보는가 하면, 자신의 일방적인 사랑을 고백하는 편지를 연이어 보내는 등 광적인 스토킹을 시작했죠. 하지만 유럽 최고의 인기를 구가하던 여배우에게 무명 작곡가였던 베를리오즈의 구애가 먹힐 리 만무했습니다. 그녀는 편지는커녕 베를리오즈가 자신의 관심을 받으려고 빚을 내 진행한 대연주회까지 무시하며 일말의 관심도 주지 않았죠.

스미드슨의 계속된 무관심에 베를리오즈는 결국 마음을 접습니다. 하지만 실연의 아픔과 상처에 베를리오즈는 무척 괴로웠죠. 비록 방법은 대단히 잘못되었지만요. 그는 열렬히 사랑하며 느낀 감정과 경험을 토대로 작곡을 시작했습니다. 그렇게 1830년 베를리오즈를 '표제음악▪의 창시자'이자 프랑스 낭만주의 대표 작곡가로 만들어 준 〈환상 교향곡〉이 탄생했습니다.

> 병적인 감수성과 상상력을 가진 한 젊은 음악가가 절망적인 사랑의 상처를 참을 수 없어 다량의 아편을 먹고 자살을 기도한다. 그러나 죽음에 이르지 못하고 괴로움 속에서 기괴한 환상을 본다. 그 안에 환각, 감정, 기억이 병든 뇌 안의 관념이 되고 음악적 영상으로 나타난다. 사랑하는 그녀가 하나의 선율이 되어 마치 고정관념처럼 여기저기서 나타난다.
> - 〈환상 교향곡〉에 대해 베를리오즈가 작성한 서문 중

〈환상 교향곡〉에는 '어느 예술가의 생애'란 부제가 달려있습

▪ 신화, 전설, 문학, 미술 등 음악 외적인 것을 음악적으로 묘사하는 음악.

니다. 짐작하듯 '예술가'는 베를리오즈 자신을 의미합니다. 이 곡은 당시로선 굉장히 파격적인 작품이기도 했습니다. 자살을 시도한 예술가가 죽지 않고 기괴한 환상을 본다는 내용뿐 아니라 '표제'적 교향곡의 탄생, 4악장이 아닌 5악장 구성, 일정한 형식 없이 펼쳐지는 악상 전개, 화려하고 다채로운 오케스트레이션, 고정악상■의 사용 등 음악적 측면에서도요.

작품 내 다섯 개의 악장은 각각 악장의 내용을 함축한 부제가 있습니다. 1악장 '꿈-열정Rêveries-Passions'은 사랑의 열병에 빠진 예술가의 감정을 표현했습니다. 몽상으로 시작해 열정, 슬픔, 질투, 종교적 위안 등 사랑하며 느끼는 온갖 감정이 변화무쌍하게 펼쳐지죠. 긴 서주 이후 찾아오는 플루트와 바이올린의 고정악상은 예술가가 사랑한 여인을 나타냅니다. 이 선율은 이후 악장들에서도 반복적으로 등장하며 전체 악장을 하나로 연결하는 역할을 합니다.

2악장 '무도회Un bal'는 왈츠풍의 부드럽고 우아한 악장입니다. 두 대의 하프가 감미롭게 문을 연 뒤 본격적인 왈츠 선율이 시작되죠. 마을은 평화롭고 무도회는 활기차지만 예술가의 마음은 심란합니다. 무도회에서 자신이 사랑하는 여인과 마주쳤기 때문

■ 음악에서 고정된 관념, 대상, 인물 등을 나타내는 선율. 동기보단 길지만 주제 선율이 될 순 없다. 음악 내에서 반복적으로 등장하는 것이 일반적이며, 〈환상 교향곡〉에선 예술가가 열렬히 사랑했던 여성이 고정악상으로 표현된다. 특히 이 작품에서 처음으로 사용된 고정악상의 개념은 훗날 바그너와 리스트 등의 작곡가에게도 영향을 미치게 된다.

인데요(플루트와 오보에의 고정악상). 이런 예술가의 마음을 아는지 모르는지 여인은 마냥 즐겁게 춤을 춥니다. 교향곡의 2악장에 왈츠 형식을 도입한 베를리오즈의 파격적 시도가 돋보입니다.

3악장 '전원의 풍경Scène aux champs'은 두 목동이 주고받는 느긋한 피리 소리로 시작됩니다. 어느 여름날 저녁, 예술가는 마음을 다스리기 위해 들판으로 향합니다. 기분 좋게 불어오는 바람, 흔들리는 나무 소리, 지저귀는 새소리에 마음은 희망을 되찾는 듯합니다. 하지만 평화는 오래가지 못합니다. 머릿속에 여인의 모습이 떠오르고 마음은 불안으로 떨려오기 시작하죠. 도입부처럼 목동이 다시 피리를 불지만 상대 목동의 답은 들려오지 않고 멀리선 먹구름이 짙게 드리우기 시작합니다. 한 인간의 희망과 불안, 양극단의 감정이 교차하는 모습을 효과적으로 그려낸 악장입니다.

4악장 '단두대로의 행진Marche au supplice'은 작품 중 가장 잘 알려진 악장입니다. 절망에 빠진 예술가는 다량의 아편을 먹고 자살을 시도합니다. 하지만 죽음에 이르지 못하고 환상(꿈)을 동반한 깊은 잠에 빠지죠. 꿈속에서 그는 여인을 살해합니다. 그리고 죗값을 받기 위해 단두대로 끌려갑니다. 이를 두 대의 팀파니와 함께 펼쳐지는 힘찬 행진곡 선율이 이 장면을 표현합니다. 단두대에 놓인 예술가는 사형 직전 마지막으로 여인과의 추억을 떠올리는데요(클라리넷의 짧은 고정악상). 추억의 순간은 찰나에 그치고 단두대의 칼날이 뚝 떨어져 그는 죽음을 맞이합니다.

5악장 '마녀들의 밤의 꿈Songe d'une nuit du sabbat'에선 예술가의 장례식 장면이 펼쳐집니다. 오싹하고 기괴한 마녀들이 장례식에 모여 축제를 벌이죠. 마녀들의 소리가 세상을 채우던 중, 사랑했던 연인이 등장합니다. 하지만 이전의 아름다움이 사라진 가볍고 천박한 모습입니다(클라리넷이 짧게 끊어 연주하는 고정악상). 연인은 마녀들의 광기 어린 춤판에 끼어들어 함께 춤을 춥니다. 여기에 장례를 알리는 종소리와 그레고리오 성가 〈분노의 날〉 선율이 더해지고 거대한 광란 속에서 음악은 끝이 납니다.

비록 욕망이라는 위험한 감정에서 시작되었지만 베를리오즈의 내면에서 용솟음치던 감정은 〈환상 교향곡〉의 탄탄한 뼈대가 되어주었습니다. 작곡가의 복잡한 정신세계를 화려한 관현악으로 승화시킨 이 표제적 작품은 관객에게 커다란 충격을 주기에 충분했습니다. 결과적으로 작품의 초연은 대성공을 거두었고, 베를리오즈는 곧 전 유럽이 주목하는 젊은 음악가의 반열에 오르게 됩니다.

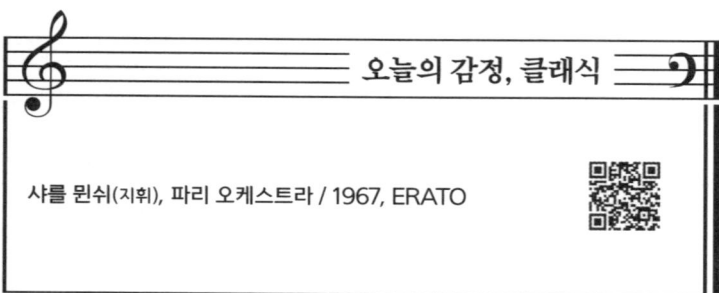

오늘의 감정, 클래식

샤를 뮌쉬(지휘), 파리 오케스트라 / 1967, ERATO

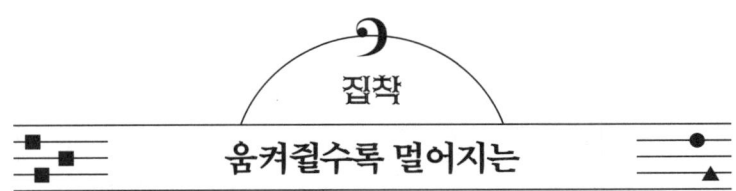

집착

움켜쥘수록 멀어지는

푸치니, 오페라 〈토스카〉 중 '별은 빛나건만'
Giacomo Puccini, Opera 〈Tosca〉 'E lucevan le stelle'

고등학생 시절의 첫 연애, 참 풋풋했습니다. 기념일마다 주고받던 작은 선물과 편지, 매일 찍어댔던 스티커 사진과 분식집, 노래방, 한겨울 추운 줄도 모르고 한참을 떠들었던 아파트 놀이터까지 소소했지만 충분했던, 그 시절이니까 할 수 있었던 추억입니다. 그 이면에는 서툰 면도 많았습니다. 연애가 처음이라 혹여 이 관계가 깨지지 않을까 걱정하고 불안했죠. 걱정과 불안은 곧 통제로 이어졌습니다. '짧은 치마는 안 된다, 남자 사람 친구랑 연락하면 안 된다, 한 시간 넘게 연락이 안 되면 안 된다' 등 점점 안 되는 것들이 많아졌습니다. 그것이 사랑을 표현하는 방식이고, 그래야 행복할 수 있다고 믿었죠. 하지만 정신을 차려보니 우리 둘의 관계는 사랑이 아닌 불편함과 피로감, 눈치와 온갖 거짓말이 난무하는 관계로 변해있었습니다. 저의 첫 연애는 그렇게 끝이 났습니다.

돌이켜 보니 그것은 사랑이 아니라 집착이었습니다. 사랑과 집착은 한 끗 차이라고들 하죠. 사랑은 상대를 향한 존중과 배려가 바탕이지만 집착은 나를 위한 이기적인 마음만 가득할 뿐입니다. 상대를 위함이 아닌 나의 걱정과 불안을 잠재우기 위한 강요에 불과하죠. 집착은 커질수록 강해져 나중에는 모든 것을 집어삼킵니다. 꽉 움켜쥘수록 손가락 사이로 빠져나가는 모래알처럼 상대방을 멀어지게도 하고요. 아마 이 작곡가라면 집착의 고통에 대해 잘 이야기해줄 것 같습니다. 이탈리아 오페라의 작곡가 자코모 푸치니*Giacomo Puccini, 1858-1924*의 사랑 이야기입니다.

'영화보다 더한 현실'이란 말처럼 푸치니의 삶은 그가 작곡한 오페라보다 더 기상천외했습니다. 적어도 사랑에서만큼은 말이죠. 중저음의 목소리, 선이 굵은 얼굴, 트레이드 마크인 멋진 콧수염에 고급 정장과 중절모를 즐겨 쓰고 다닌 매력적인 외모의 푸치니. 여기에 재능도 출중하고 이탈리아를 대표하는 오페라 작곡가라는 명예까지 그는 뭇 여성의 마음을 홀리기에 충분했습니다. 푸치니는 엄청난 애연가이자 취미로 요트를 타고, 엽총을 이용한 오리 사냥을 즐기며, 자동차 과속을 일삼던 쾌락주의형 인간이었습니다. 이런 푸치니 옆에는 집착과 질투가 가득했던 아내 엘비라가 있었죠. 아이러니하게도 이 두 사람의 시작

역시 '불륜'이었는데요. 푸치니의 어릴 적 고향 친구가 피아노를 배우고 싶어 하는 자신의 아내 엘비라를 푸치니에게 소개한 것이 시작이었습니다.

이미 푸치니의 바람기를 알고 있던 그녀지만 관계가 깊어질수록 더 강한 집착과 의심을 보였습니다. 불륜으로 시작된 관계였으니 그녀의 불안은 쉽게 없어지지 않았겠죠. 자유로운 영혼 푸치니는 그녀를 떠나려 했지만 이미 때는 늦은 상태였습니다. 엘비라가 임신한 것이죠. 결국 푸치니는 엘비라와 밀라노 북부 몬차라는 시골 마을에 정착해 첫 아이를 낳고 함께 살게 되었습니다.

그런 중 출판업자 줄리오 리코르디™가 푸치니에게 도움의 손길을 내밉니다. 가난한 푸치니의 재능을 알아보고 그에게 협업을 제안한 것입니다. 몇 차례의 협업 이후 1893년 푸치니는 위대한 오페라 작곡가의 탄생을 전 세계에 알린 〈마농 레스코〉를 발표합니다. 이후 〈라보엠〉, 〈토스카〉, 〈나비부인〉 등의 작품을 연달아 성공시키며 명실공히 베르디의 뒤를 이어 이탈리아를 대표하는 작곡가의 반열에 오르죠.

그러나 아내 엘비라는 푸치니의 성공이 달갑지만은 않았습니다. 성공 가도에 오른 푸치니가 또다시 여자들과 어울렸기 때문

■ 세계적인 출판사 '카사 리코르디'의 창업자 조반니 리코르디의 손자. 할아버지인 조반니 리코르디와 아버지인 티토 리코르디에 이어 카사 리코르디를 물려받아 경영했다.

이죠. 오페라 가수, 귀족, 학생, 유부녀까지 푸치니는 국적과 신분, 나이를 막론하고 새로운 만남을 갖습니다.

질투와 집착이 극에 달한 엘비라는 푸치니를 미행하거나 그에게 온 편지를 하나하나 확인하는 지경에 이르렀습니다. 그리고 이런 그녀의 집착은 결국 죄 없는 한 소녀를 죽음으로 내모는 사건으로까지 번지게 되죠.

어느 날 푸치니는 운전하던 차가 전복되는 큰 교통사고를 당합니다. 다행히 목숨은 건졌지만 8개월간 깁스를 해야 했죠. 음악 작업을 위해 간병인이 필요했던 푸치니는 도리아 만프레디라는 열여섯 살 소녀를 고용합니다. 정성스런 간호 덕분에 몸을 회복한 푸치니는 그녀에게 크게 고마워하는데요. 사건은 만프레디가 20대가 된 이후부터 시작됩니다. 엘비라의 질투와 집착이 그녀를 향한 것이죠.

아내 엘비라, 아들 안토니오와 함께있는 푸치니.

엘비라는 만프레디를 협박하고 해고하는 것도 모자라 푸치니의 새로운 애인이 그녀이며 둘이 함께 침대에 있는 장면을 목격했다는 헛소문까지 퍼트립니다. 만프레디는 결백을 주장했지만 날이 갈수록 심해지는 엘비라의 폭력적 언행과 유언비어에 소문은 사실처럼 퍼져나갔습니다. 결국 만프레디는 1909년 1월 23일 억울하다는 유서를 남긴 채 극단적인 선택을 합니다.

만프레디의 주장은 사실이었습니다. 시신을 부검한 결과 순결이 입증되었죠. 이 일로 엘비라는 명예훼손 등으로 고소를 당해 5개월의 실형을 선고받았습니다. 푸치니는 거액의 위자료를 주고 이를 원만히 해결했지만, 엘비라와의 관계는 더 소원해졌고 평생 만프레디에 대한 미안함과 죄책감을 가지고 살게 되었다고 합니다. 이 일련의 사건은 이후 '도리아 만프레디 사건'으로 불리며 세계적인 스캔들로 남게 되죠.

이 사건을 포함해 푸치니의 삶은 작품에도 영향을 미쳤습니다. 남편을 위해 모든 것을 희생한 여인이 남편의 배신에 스스로 목숨을 끊는다는 내용의 〈나비부인〉, 젊은 예술가들의 삶과 사랑, 그리고 그 이면의 슬픔과 설움을 그린 〈라보엠〉, 두 남자와 한 여자의 삼각관계 속 비극적 운명을 그린 〈토스카〉 등 오페라의 여러 등장인물과 그들의 관계는 마치 푸치니가 자신의 경험을 투영시킨 것이 아닌가 싶은 생각이 들 정도로 그의 삶과 닮아있습니다.

〈나비부인〉, 〈라보엠〉, 〈토스카〉는 '푸치니 3대 오페라'라 불리며 오늘날까지 많은 사랑을 받는 작품입니다. 그중 〈토스카〉는 드라마틱한 전개와 극적인 연출로 유명합니다. 여주인공 토스카(소프라노)와 그녀의 연인 카바라도시(테너), 그 사이에서 토스카를 탐하는 스카르피아(바리톤)의 삼각관계 안에서 벌어지는 여러 사건과 비극적 결말을 노래하는 이 오페라는 사랑으로 인한 질투와 집착, 인간의 탐욕, 배반이 개개인을 얼마나 큰 파멸로 이끌 수 있는지를 잘 보여주는 작품이지요.

작품 속 가장 유명한 아리아로는 카바라도시가 부르는 '별은 빛나건만E lucevan le stelle'과 토스카가 부르는 '노래에 살고, 사랑에 살고Vissi d'arte, vissi d'amore'를 꼽을 수 있습니다. 먼저 '별은 빛나건만'은 3막에서 사형 집행을 기다리는 카바라도시가 토스카에게 작별의 편지를 쓰며 부르는 아리아인데요. 토스카와 나눈 행복했던 기억을 떠올리며 곧 죽게 될 자신의 운명을 비탄하는 가슴 절절한 내용을 담고 있습니다. 끝으로 치닫는 극의 후반부에 등장해 절정을 보여주는 최고의 아리아라고 할 수 있죠.

오페라 〈토스카〉 오리지널 포스터(1900).

'노래에 살고, 사랑에 살고'는 이보다 앞선 2막에 등장하는 아리아입니다. 자신에게 몸을 허락한다면 감금된 연인 카바라도시를 풀어주겠다는 스카르피아의 제안을 어쩔 수 없이 받아들여야 하는 토스카의 참담함이 담겨 있는 아리아죠. "노래에 살고 사랑에 살며 누군가에게 해를 준 적도 없고 불쌍한 이들을 남몰래 도와준 언제나 진실한 마음과 참된 신앙심으로 제단에 꽃을 바친 제게 어째서 이런 식으로 보답하시냐."며 신에게 울부짖는 그녀의 외침에 자연스레 마음이 요동치는 〈토스카〉의 대표 아리아로 '별은 빛나건만'과 마찬가지로 풍부한 성량은 물론 섬세한 감정 연기까지 요구되는 난도 높은 아리아입니다.

이 외에도 〈토스카〉에는 각 인물의 매력을 잘 담아낸 아리아와 중창, 합창 선율이 화려하게 펼쳐집니다. 내용 또한 누구나 몰입하기 쉬운 내용을 담고 있으니 오페라와 조금 더 가까워지고 싶다면 꼭 한번 관람해보세요. 수많은 사랑을 쟁취하거나 반대로 떠나보냈던 푸치니의 삶, 한 여인의 집착에 시달리고 그로 인해 한 소녀가 죽음까지 맞이한 비극을 알고 나면 아마 쉽게 몰입할 수 있을 겁니다.

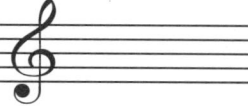

오늘의 감정, 클래식

마리아 칼라스(소프라노), 주세페 디 스테파노(테너),
빅토르 데 사바타(지휘), 라 스칼라 오페라 가극장 합창단&
오케스트라 / 1953, WARNER

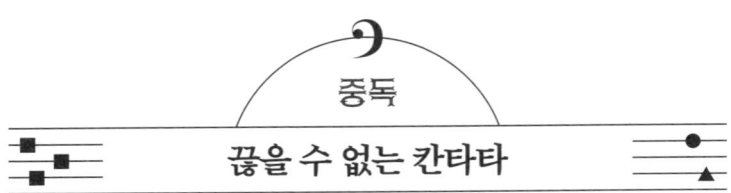

중독

끊을 수 없는 칸타타

바흐, 〈커피 칸타타〉BWV.211
Johann Sebastian Bach, 〈Coffee Cantata〉BWV.211

　'창작의 고통'이란 말이 있습니다. 세상에 없던 어떤 것을 창
작할 때 필연적으로 고통이 따른다는 이야기죠. 음악과 미술, 무
용, 연극, 문학, 건축, 영상 등 예술의 영역에서 살아가는 사람들
이 이 '창작의 고통'과 밀접하게 닿아있습니다. 창작의 과정 전
체가 고통은 아니겠지만 독창적인 것을 '창작'하는 일에는 필연
적으로 고통이 따르죠.

　그래서일까요. 우리가 잘 알고 있는 예술가 중에는 창작의 고
통에서 조금이라도 벗어나고자 무언가에 의지하다가 중독까지
된 경우가 많습니다. 인상주의 화가 고흐와 툴루즈 로트레크, 미

국의 소설가 헤밍웨이의 압생트* 사랑이 대표적입니다. 또 이탈리아의 화가였던 모딜리아니는 알코올뿐만 아니라 마약에까지 중독된 인물이었습니다. 그런가 하면 러시아의 대문호 도스토옙스키는 평생 도박 중독의 굴레에서 벗어나지 못했고, 프랑스의 작가 장 폴 사르트르와 알베르 카뮈는 담배를 물고 있는 사진을 어렵지 않게 찾아볼 수 있을 정도로 유명한 애연가였죠.

클래식 작곡가들은 어땠을까요? 영국 옥스퍼드 사전에는 Brahms and Liszt(브람스와 리스트)라는 단어가 '술에 취한'이란 뜻의 은어로 수록되어 있다고 합니다. 실제로 두 작곡가는 주변에서 알아주는 주당이었죠. 러시아 5인조의 무소륵스키는 알코올 중독으로 죽음에까지 이르렀습니다. 담배 역시 마찬가지입니다. 앞서 소개했던 푸치니는 열네 살부터 담배를 피우기 시작해 후두암으로 사망할 때까지 끊지 못했고, 드뷔시 또한 상당한 애연가로 유명했죠. 그는 상당히 느린 속도로 곡을 쓰곤 했는데, 음표 하나를 그리고 담배 몇 모금 피우길 반복하는 작곡 습관이 있어 그 속도가 더욱 느렸다고 합니다.

알코올과 마약, 도박, 담배까지 다양한 중독을 이야기했지만, 아직 언급되지 않은 중독이 하나 있습니다. 많은 현대인이 겪고 있을 카페인 중독이죠. 커피를 '수혈'하지 않으면 일을 할 수 없

■ 19세기 유럽의 예술가들 사이에서 유행했던 높은 도수의 증류주. 은은한 초록빛을 가지고 있어 '초록 요정'이라 불렸다.

다고 할 정도로 커피는 이제 기호식품이 아닌 필수품이 되어버렸 는데요. 장거리 운전을 앞두고 차에 기름을 채우듯 출근 시간(+점 심 식후)의 우리는 커피를 채우며 하루를 버티곤 하죠.

카페인 중독의 역사는 오래전부터 있었습니다. 매일 커피를 마시며 살아간 클래식 작곡가 중 대표적인 인물이 독일의 3B라 불리는 바흐, 베토벤, 브람스입니다. 먼저 베토벤은 커피를 내릴 때 정확히 60알의 원두를 사용했습니다. 에스프레소 한 잔에 들 어가는 원두의 양이 10g 정도인데, 원두 60알이 딱 그 정도이기 때문이라네요. 그의 완벽주의 성격이 커피에까지 투영된 것이겠 죠. 브람스도 매일 아침 눈을 뜨자마자 담배를 피우며 커피를 마 시는 것이 루틴이었을 정도로 커피를 사랑했던 작곡가였는데요. 웬만해선 커피를 다른 사람에게 맡기지 않았다고 합니다. 그 정 도로 자신이 내린 커피에 대한 자부심이 강했던 거죠.

마지막으로 소개할 요한 제바스티안 바흐_Johann Sebastian Bach, 1685-1750_도 커피에 있어선 둘째가라면 서러워할 작곡가 중 한 명 입니다. 매일 커피를 마시는 커피 애호가였던 그의 커피 사랑은 작품으로 이어졌죠. 일생의 대부분을 종교 음악에 바쳤던 바흐 가 작곡한 몇 안 되는 세속음악 〈커피 칸타타〉■ 이야기입니다.

■ 칸타타란 이탈리아어 'Cantare(노래하다)'에서 유래된 성악곡 형식이다. 오페라, 오라토리오 와 함께 바로크 3대 성악 장르로 불리며 성악가의 독창과 중창, 합창에 악기 반주가 더해진 다. 다루는 내용에 따라 교회 칸타타와 세속 칸타타로 분류된다.

바흐가 활동했던 1700년대 초반, 유럽 전역은 이미 커피와 사랑에 빠졌습니다. 커피하우스는 향긋한 커피 향으로 사람들을 끌어모았고 그곳에서 사람들은 커피 한 잔과 함께 정치, 경제, 사회, 문화 전반의 이야기를 나누었죠. 커피하우스가 사교의 중심지가 된 겁니다.

커피하우스가 점점 늘어나자 자연스럽게 손님을 유치하기 위한 경쟁이 일어납니다. 몇몇 커피하우스는 음악 공연으로 손님을 끌어모으기 시작했죠. 당시 라이프치히에서 가장 큰 커피하우스였던 치머만 커피하우스도 그중 하나였는데요. 이 커피하우스의 주인 고트프리트 치머만은 단골손님이자 친분이 있던 바흐에게 커피하우스에서 연주할 음악을 부탁했습니다. 마침 바흐가 종교 음악 위주의 작곡 활동에서 벗어나 세속음악을 작곡하던 때이기도 했죠. 바흐는 이 제안을 흔쾌히 받아들여서 1734년경 〈커피 칸타타〉를 세상에 발표합니다.

> **아! 커피 맛은 너무나 달콤해. 천 번의 키스보다 사랑스럽고,**
> **훌륭한 포도주보다 부드럽지. 커피, 커피를 마셔야만 해.**
> **나를 즐겁게 해주려거든 한 잔의 커피를 채워주세요!**

〈커피 칸타타〉의 원제는 '조용히, 말하지 말고Schweigt stille, plaudert nicht'입니다. 실제 칸타타가 시작되면 내레이터 역할을 맡은 테너가 등장해 "조용히, 말하지 말고 이 이야기를 좀 들어

봐."라며 관객을 집중시키죠. 그리고 아버지(베이스)와 딸(소프라노)을 소개하며 무대로 불러냅니다. 이때 등장한 아버지는 잔뜩 화가 나 있습니다. "정말이지 아이들을 키우는 건 끝도 없는 골칫덩어리를 안고 있는 것 아니냐."며 노래하죠. 이유인즉 커피를 끊지 못하는 딸에게 화가 난 것이었습니다. 당시 독일에서는 여성이 커피를 마시면 피부가 검어지고 불임의 원인이 될 수 있다는 인식이 만연했으니까요.

그렇다고 물러설 딸이 아니었습니다. "하루에 세 번 커피를 마시지 못하면 나는 너무 괴로워 염소 고기 조각처럼 말라비틀어질 것"이라 노래하며 커피에 대한 찬양을 시작하죠. 이후 본격적으로 둘의 이중창이 진행됩니다. 아버지는 "커피를 끊지 않는다면…"으로 시작하는 온갖 금지령을 내놓고, 딸은 "커피만 마실 수 있다면…"으로 시작하며 아버지의 속을 긁습니다. 결국 아버지는 결혼과 커피 중 하나를 선택하라는 특단의 조치를 내립니다. 그러자 커피만 마실 수 있다면 어떤 금지령도 괜찮다던 딸의 기세가 처음으로 꺾이고 고민 끝에 그녀는 결혼을 선택합니다. 아버지는 그제야 만족스러운 웃음을 지으며 딸의 배필을 구하기 위해 밖으로 나가죠.

하지만 이는 딸의 귀여운 속임수였습니다. 그녀는 아버지 몰래 결혼증서에 '커피를 마음껏 마실 수 있도록 하는 것에 동의한다'는 내용을 끼워 넣으며 아버지와의 갈등을 재치 있게 마무리합니다. 극의 후반부에는 아버지와 딸, 내레이터가 모두 등장해 다음과 같은 내용의 삼중창을 부르며 끝을 맺습니다.

> 고양이가 쥐를 쫓는 것과 같이 처녀들은 커피를 찾을 수밖에 없네.
> 어머니는 자신의 커피잔을 사랑하고, 할머니 또한 커피를 마시는데,
> 그 누가 딸들을 혼낼 수 있으랴!

〈커피 칸타타〉를 통해 바흐는 커피 사랑을 음악에 담으면서 동시에 여성에게만 엄격했던 커피 문화를 재치 있게 풍자했습니다. 실제 치머만 커피하우스에서 열린 초연에서 딸의 역할은 여성의 음성을 가성으로 내는 남성 가수가 맡았는데요. 당시 여성은 커피하우스의 출입이 엄격하게 금지되어 어쩔 수 없이 내린 결정이었지만, 오히려 이 덕분에 공연은 더욱 시대 풍자적으로 와닿을 수 있었다고 합니다. 숭고하고 진중할 것만 같은 바흐의 새로운 매력을 느껴보고 싶다면 〈커피 칸타타〉를 추천합니다. 바흐의 유머와 센스가 가득해 누구나 부담 없이 즐길 수 있답니다.

 **오늘의 감정, 클래식**

디트리히 피셔-디스카우(바리톤), 리사 오톤(소프라노),
요제프 트락셀(테너), 칼 폭스터(지휘), 베를린 필 /
1961, EMI

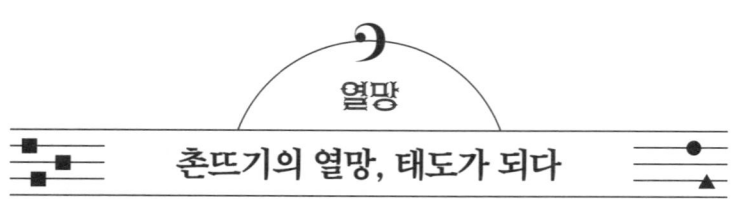

열망

촌뜨기의 열망, 태도가 되다

엘가, 〈위풍당당 행진곡〉 Op. 39 No. 1
Edward Elgar, 〈Pomp and Circumstances Marches〉 Op.39 No.1

대학이라는 관문에 들어선 이후 저는 재수생 시절 느꼈던 설움에 대한 보상을 받으려는 듯 학교보다 피시방과 술집을, 학점보다 레벨과 주량에 더 신경 쓰는 학생이 되었습니다. 학점은 최악을 향해 달려가고 있었지만 '1학년 땐 노는 거다'라고 자기합리화하며 하루하루를 허비했죠. 그러던 어느 날 신체 건강한 대한민국 남자라면 피할 수 없는 입영 영장이 날아왔고, 그렇게 저는 군에 입대했습니다.

군 생활 중 깊은 상념에 빠지는 시간은 단연 불침번 같은 야간 근무를 설 때입니다. 어둠과 적막만이 가득한 밤, 달빛 아래 두 시간씩 근무를 서노라면 생각이 많아질 수밖에 없습니다. 특히 상병 이후 선임급이 되면 그 정도와 깊이가 더욱 짙어집니다. 저도 그랬죠. 음악만으로 먹고 살 수 있을지, 조금 늦더라도 더 좋은 학교로 가는 게 맞는지, 아니면 아예 다른 학과를 전공해야 하는지, 혹은 일찌감치 사회생활을 시작할지 등 미래에 대한 오만 가지 생각이 근무 내내, 때로는 야간 근무를 마친 뒤 다시 침상에 누운 후에도 계속되었습니다. 결론은 쉽게 나오지 않았습니다.

그러다 문득 '예술경영'에 대한 생각이 머리를 스쳤습니다. 어쩌면 내가 진정으로 원하는 길일 수도 있겠다는 생각이 들었죠. 방향이 잡히니 목표가 생겼습니다. 전역 후에 복수전공으로 경영학을 선택해 예술과 경영을 함께 공부하자는 것이었습니다. 목표가 생기니 자연스럽게 행동으로도 이어졌습니다. 점심 식사 후 부대 내 도서관에서 매일 경제신문을 읽기 시작했죠. 처음에는 어려웠던 경제용어가 하나둘 익숙해지면서 몰랐던 세상을 알아가는 재미에 푹 빠져들었습니다. 도서관에 매일 가다 보니 고전문학이나 철학 등 인문학 관련 책을 빌리는 횟수도 잦아졌는데요. 지금도 지키고 있는 경제신문의 구독과 독서 습관은 모두 이때부터 비롯되었다고 볼 수 있습니다.

국방부 시계는 거꾸로 매달아도 흘러간다는 말이 있습니다. 군 생활을 마치고 돌아온 학교는 크게 달라지지 않았지만 제 마음가짐은 크게 달라져 있었습니다. 복수전공으로 경영학을 공부해야겠다는 목표는 강한 열망으로 바뀌었고, 그 열망을 이루기 위해 미친 듯이 노력하기 시작했습니다. 입대 전 잔뜩 뿌려놓은 'F학점'의 씨를 거두기 위해 학교 도서관에서 새벽까지 공부하고, 교수님의 눈에 띄기 위해 질문을 던지고, 자신 있는 수업을 골라 수강하는 등 입대 전과는 전혀 다르게 목표를 향해 나아갔죠. 성적표는 그전과 다른 알파벳으로 가득 채워졌습니다. 그렇게 1년 뒤 그토록 열망했던 경영학과 복수전공에 합격하게 되었습니다. 수많은 생각과 고민 끝에 스스로 정한 삶의 방향. 그것은 간절한 열망이 되었고 목표를 이루기 위한 원동력이 되었습니다. 성공 여부를 떠나 간절히 열망하는 목표를 이루기 위해 최선을 다해본 경험이 얼마나 큰 가치인지는 이 과정을 겪어봤다면 누구나 공감할 수 있을 겁니다.

이번엔 조금 다른 모습의 열망을 만나러 떠나보겠습니다. 1857년 6월 2일, 영국 우스터 근교의 전형적인 시골 마을 브로드히스에서 태어나 훗날 영국의 음악 자존심을 세워준 작곡가 에드워드 엘가_Edward Elgar, 1857-1934_입니다.

엘가는 교회 오르가니스트이자 피아노 조율사였던 아버지의 영향으로 일찍부터 음악에 눈을 뜨기 시작했습니다. 독학으로 음악을 공부해 열두 살이 되던 해에 첫 작품 〈청년의 지휘봉〉을 작곡하는 등 재능을 보이기도 했죠. 하지만 음악에 대한 인프라가 상대적으로 부족했던 시골 마을에서 능력을 마음껏 펼쳐 보이기란 쉬운 일이 아니었습니다. 열정과 달리 작품은 큰 인정을 받지 못했고 엘가는 아버지의 뒤를 이어 교회의 오르가니스트로, 아마추어 지휘자로, 피아노 선생으로 일하며 근근이 생계를 이어나갔습니다. 이러한 생활은 그가 서른을 넘길 무렵까지 계속되었어요.

그러던 어느 날 엘가에게 피아노 레슨을 받기 위해 한 여성이 찾아옵니다. 캐롤라인 앨리스, 엘가의 인생을 송두리째 바꿔준 운명의 여인입니다. 그녀는 소심하고 예민한 엘가와 달리 적극적이고 활달했습니다. 아버지는 육군 대장 출신으로 명문 귀족 가문의 자제이기도 했죠. 정반대의 둘은 서로에게 호감을 느끼며 곧 연인 사이로 발전했습니다. 이 시기 앨리스에 대한 사랑과 감사의 마음을 담아 작곡한 작품이 바로 그 유명한 〈사랑의 인사〉입니다. 물론 앨리스의 집안은 시골 출신의 무명 음악가였던 엘가를 격하게 반대했습니다. 하지만 둘의 사랑을 막기엔 역부족이었고 결국 둘은 1889년 결혼식을 올리며 부부의 연을 맺습니다.

지혜롭고 현명했던 아내 앨리스는 런던으로 이주해 새로운 삶을 계획합니다. 그녀는 엘가의 재능을 알아보고 작곡 위주의 음악 활동을 펼칠 것을 제안하며 물질적, 정신적으로 적극적인 내조를 하죠. 이는 엘가에게 더할 나위 없는 축복이었어요. 엘가는 점차 영국 내에서 존재감 있는 작곡가가 되었습니다. 음악적으로도 사회적으로도 그의 위상은 수직으로 상승했습니다. 상류 사회에도 자연스럽게 진출할 수 있었죠. 시골 출신 엘가가 그토록 열망하던 사회에 속하게 된 겁니다.

그는 출신을 감추기 위해 언제나 양복을 입고, 상류층의 말투

영국 왕실로 부터 작위를 부여받은 엘가 경. 〈위풍당당 행진곡〉은 에드워드 7세의 대관식에서 초연되었다.

를 의식적으로 사용했습니다. 그뿐만 아니라 작곡을 할 때는 악보에 '품위 있게*Nobilmente*'라는 지시어를 자주 사용했어요. 상류사회에 대한 엘가의 열망이 엿보이는 부분입니다.

1901년에는 승승장구하던 엘가의 인생에 정점을 찍어줄 〈위풍당당 행진곡〉이 등장합니다. 영국 국왕인 에드워드 7세의 대관식에 사용될 곡을 의뢰받아 작곡한 곡이죠. 제목은 셰익스피어의 희곡 〈오텔로〉의 3막 3장 대사■에서 따온 것입니다.

작품은 짧지만 명료한 서주와 함께 시작됩니다. 제목처럼 위풍당당한 주제 선율이 곡을 이끌며 점점 고조되다가 금관 악기의 팡파르와 함께 새로운 국면을 맞이하지요. 이 곡에서 가장 유명한 트리오 파트가 시작되는 부분입니다. 현악기가 중심이 되어 일부 관악기와 함께한 이 멜로디는 이후 오케스트라의 모든

■ Farewell the neighing steed and the shrill trump, The spirit-stirring drum, th'ear-piercing fife, The royal banner, and all quality, Pride, Pomp and Circumstance of glorious war! 울부짖는 군마여, 드높은 나팔 소리여, 가슴을 뛰게 하는 북소리여, 귀를 뚫을 듯한 피리 소리여, 저 장엄한 군기여, 명예로운 전쟁의 자랑도, 찬란함도, 장관도 다 끝장이다!

악기가 더해져 한층 거대한 모습으로 반복된 뒤 다시 첫 번째 주제 선율로 이어집니다. 그 뒤 한 차례 더 반복하고 웅장하게 마무리되죠. 에드워드 7세는 크게 감동하며 곡에 '희망과 영광의 나라로Land of hope and glory'란 제목의 가사를 붙여 주었습니다.

> **Land of Hope and Glory, Mother of the Free,**
> **How shall we extol thee, who are born of thee?**
> 희망과 영광의 땅, 자유의 어머니시여
> 당신의 소생인 우리, 어떤 방법으로 당신의 이름을 높이리오?

매년 여름 영국 런던에서 약 두 달에 걸쳐 진행되는 세계적인 클래식 페스티벌 BBC Proms의 '마지막 밤Last Night' 공연에는 엘가의 〈위풍당당 행진곡〉이 연주되는 것이 하나의 관례입니다. 이때 관객은 모두 일어서서 국기를 흔들며 '희망과 영광의 나라로'를 부르죠. 이 공연 영상을 보면 영국인도 아닌데 애국심이 차오를 정도로 웅장함이 느껴집니다. 이렇듯 엘가의 〈위풍당당 행진곡〉은 영국인의 제2의 국가로 일컫는 작품이 되었습니다.

엘가는 이 곡에 대해 '일생에 단 한 번밖에 나올 수 없는 곡'이라 했습니다. 실제 그는 같은 이름의 작품을 5번까지 작곡했지만, 이 1번 곡을 뛰어넘는 곡은 탄생하지 못했습니다. 이 곡으로 엘가는 국왕의 총애와 국민의 존경을 받으며 영국 왕실로부터 작위를 부여받아 엘가 경Sir Elgar으로 불리게 됩니다.

아무리 작은 열망일지라도 한번 일렁인 열망의 불씨는 우리에게 지치지 않을 힘을 줍니다. 시골 마을의 어느 촌뜨기의 열망도 시작은 작은 불씨와도 같았죠. 하지만 그 작은 불씨가 있었기에 그는 포기하지 않았고 현명한 아내를 만나 재능의 꽃을 피울 수 있었습니다. 여러분이 품고 있는 열망은 어떤 모습인가요? 혹시 남보다 크기가 작다고 숨기기에 급급했다면 이제는 그 작은 열망을 믿고 위풍당당하게 나아가보길 바랍니다. 그 끝엔 웅장한 피날레가 기다리고 있을 테니까요.

오늘의 감정, 클래식

존 바비롤리 경(지휘), 뉴 필하모니아 오케스트라 /
1966, EMI

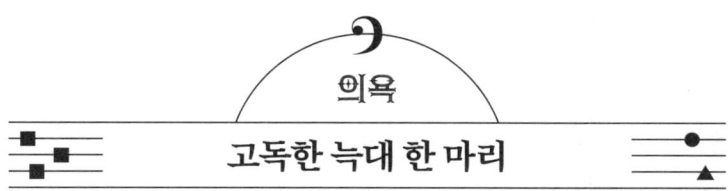

고독한 늑대 한 마리

볼프, 《뫼리케 가곡집》
Hugo Wolf, 《Lieder von Mörike》

저는 새로운 일을 시작할 땐 강한 의욕과 함께 훅 시작하는 편입니다. 상황이 완벽하게 갖추어 있지 않아도 일단 몸을 던지면 어떻게든 성과를 낼 수 있을 거란 믿음이 있기 때문입니다. 혹여 결과가 좋지 않더라도 경험을 해보는 것이 해보지 않은 것보다 낫다고 생각하면 시작하기 전의 막연한 두려움도 사라지곤 하지요.

첫 책《다정한 클래식》도 이런 시작의 산물입니다. 출판사에서 책 출간을 제안받았을 때 고민하겠다며 시간을 달라고 했지만 사실 머릿속으로는 책을 쓰게 될 제 모습을 그리고 있었죠. 생애 첫 번째 책을 집필한다는 걱정도 많았지만 지금 이야기했던 것처럼 일단 던지고 보는 성격 탓에 큰 문제가 되지 않았습니다. 답변을 약속한 며칠 뒤, 출판사 대표님에게 전화를 걸어 책을 써보겠노라 이야기했고 그렇게 《다정한 클래식》의 첫 운이 떼어졌습니다('고민하는 척'이 저만의 영업 비밀이었는데…, 이제 모두가 알게 되었네요).

정말 의욕적으로 책을 썼습니다. 이 한 권에 세상 모든 클래식 이야기를 담겠다는, 완벽한 클래식 입문서를 만들겠다는 마음이 가득했으니까요. 나의 이야기에 음악을 덧붙이고 악기의 종류, 시대별 특징, 장르 설명 같은 교과서적 이야기도 쓰고, 사랑하는 클래식 음악을 소개하는 내용을 꾹꾹 눌러 담았습니다. 다행히 어디 내놓아도 부끄럽지 않을 자랑스러운 첫 책이 나왔지만 한 가지, 책의 분량만큼은 당초 예상을 한참 넘어서고 말았습니다. 실물 책을 처음 받고서 생각보다 훨씬 두꺼운 책을 보며 속으로 아쉬움을 삼켰던 기억이 아직도 생생합니다.

첫 책에 대한 약간의 아쉬움조차 희미해질 무렵 한 프로그램에서 우연히 김영하 작가의 말을 듣게 되었습니다.

"작가는 무엇을 어떻게 쓰느냐도 중요하지만 무엇을 안 쓰느냐도 중요한 능력이다."

뒤통수를 세게 얻어맞은 듯했죠. 더 많은 이야기를 어떻게든 눌러 담으려던 초보 작가인 저에게 하는 이야기 같았습니다. 넘치는 의욕은 분량 조절 실패를 낳았고 이는 지금까지도 《다정한 클래식》의 유일한 아쉬움으로 남아있습니다. 두 번째 책을 쓰며 김영하 작가의 말과 첫 책의 아쉬움을 몇 번이고 되뇌고 있습니다. 원고가 거의 막바지에 다다른 지금, 다행히 아쉬움을 되풀이하지는 않을 것 같네요. 책에 대한 의욕은 여전하지만 무엇을 안 쓰느냐도 작가의 중요한 능력임을 기억하며 남은 공간을 채워 보겠습니다.

넘치는 의욕이라 하니 단번에 이 작곡가가 떠오릅니다. 저처럼 성악을 전공하지 않았다면 이름이 생소하게 느껴질 텐데요. 후기 낭만주의 시대 오스트리아의 가곡 작곡가 후고 볼프_{Hugo Wolf, 1860-1903}입니다. 후고 볼프. 그는 가곡에서 시(텍스트)의 역할을 음악과 동등하게 높여 시의 중요성을 강조했습니다. 그는 마음에 들지 않는 시에는 절대 곡을 붙이지 않았으며 마음에 드는 시가 나타나면 그 시를 읽고 또 읽어 완전히 자기 것으로 만든 다음 엄청난 집중력을 발휘해 빠른 속도로 곡을 붙였지요. 완성된 악보에도 자신의 이름보다 시인의 이름을 먼저 적었던 볼프의 가곡들은 시와 음악의 진정한 결합을 이끌며 가곡과 문학의 깊이를 더했습니다.

그런데 여기서 한 가지 주목할 만한 사실이 있습니다.《뫼리케 가곡집》(1888),《아이헨도르프 가곡집》(1888),《괴테 가곡집》(1889),《스페인 가곡집》(1890) 등▪ 그를 대표하는 가곡집은 그가 창작열이 절정에 달했던 2~3년 사이에 몰아서 작곡되었다는 것

▪ 〈뫼리케 가곡집〉부터 각각 53곡, 20곡, 51곡, 44곡의 가곡을 수록하고 있다.

입니다. 그는 창작의 영감이 찾아왔을 때 넘치는 의욕으로 폭발적인 작곡 활동을 이어나가다가 사그라들면 몇 년간 단 한 곡도 작곡하지 않는 아주 독특한 성향의 작곡가였습니다. 1888년부터 1890년 사이, 넘치는 의욕을 주체하지 못할 땐 두세 개의 가곡을 단 하루에 작곡할 만큼 빠르게 써 내려갔고, 그렇게 작곡한 가곡이 수백 곡에 이를 정도니 이 시기 창작에 대한 그의 의욕이 얼마나 대단했는지 알 수 있습니다.

이런 작곡 성향은 어쩌면 그의 독특한 성격에서 기인했는지도 모르겠습니다. 볼프는 극도의 예민함과 우울감, 다혈질적인 성격, 괴팍함, 광적인 집착과 강한 고집 등 유별난 성격이었거든요.

시인 뫼리케의 시에 영감을 받아 작곡한《뫼리케 가곡집》은 볼프의 대표 가곡집입니다. 불과 10개월 만에 완성한 작품으로 대표곡 〈은둔Verborgenheit〉을 포함해 53개의 가곡이 수록된 큰 규모의 가곡집이기도 하죠. 다양한 주제를 입체적으로 표현했던 서정시인 뫼리케의 시처럼 볼프의《뫼리케 가곡집》역시 사랑에 관한 노래부터 심오한 종교적 노래, 신화나 설화에 근거한 환상적 노래, 자연의 신비와 아름다움을 찬미한 노래 등 다른 가곡집보다 훨씬 광범위하고 다양한 내용을 담고 있습니다. 시를 낭독하는 듯한 긴 호흡의 낭송조 선율과 해결되지 않고 유보하는 반음계적 화성, 빈번한 전조와 극적인 전개 등 볼프의 선율은 시의 형식이나 리듬, 운율을 해치지 않는 선에서 그 내용을 충실히 전달하며 시와 하나된 음악의 진수를 들려주죠.

적어도 1888년부터 1890년까지의 볼프는 누구도 말릴 수 없을 만큼 의욕적이었습니다. 하지만 의욕이 넘쳤던 만큼 후폭풍도 거세게 찾아왔죠. 왕성한 창작의 시기가 지나자 타오르던 영감의 불꽃이 빠르게 사그라든 것입니다. 이후 그는 작품 활동 일체를 중단하며 세상에 자신을 드러내지 않았습니다.

긴 정체기 끝에 볼프는 작곡가로서의 재기를 결심합니다. 하지만 이번엔 젊은 시절 감염되었던 매독 증세가 다시 고개를 들며 그를 괴롭힙니다. 이로 인한 정신이상 증세는 날이 갈수록 심해져 호수에 투신자살을 시도하는 지경까지 이르렀죠. 결국 그는 정신병원에 수용돼 그곳에서 말년을 보냈고, 1903년 마흔두 살의 나이로 쓸쓸히 죽음을 맞이합니다.

독특했던 성격 탓에 볼프는 그의 이름에서 따온 별명 그대로 평생 '늘대wolf'와 같은 고독한 삶을 살아갔습니다. 결혼도 하지 않았고 도와줄 친구도 없어 가난에 허덕였죠. 하지만 역설적으로 이런 성격 때문에 가곡이란 장르에 몰입할 수 있었습니다. 그 짧은 창작의 시기 동안 남긴 작품은 독일 가곡 역사의 한 축을 굳건히 지키고 있죠. 슈베르트에서 시작된 독일 가곡의 역사는 볼프에 이르러서야 비로소 정점을 찍을 수 있었습니다.

의욕은 추진력에 날개를 달아줍니다. 하지만 지나친 의욕은 오히려 비상하던 날개를 고꾸라트리죠. 무언가를 시작하기 전 의욕이 넘친다면 이 의욕을 감당할 준비가 되었는지 혹시 준비

되지 않은 상태에서 지나치게 의욕만 앞서는 건 아닌지 냉정하게 돌아보는 시간이 있어야 합니다. 다행히 볼프의 의욕은 충분한 준비와 재능이 갖춰진 상태에서 찾아온 의욕이었고, 그 덕에 짧은 시간 폭발적으로 가곡을 작곡해낼 수 있었습니다.

《뫼리케 가곡집》중 몇 곡을 추려 첨부하겠습니다. 때로는 고독한, 때로는 감미로운, 때로는 괴팍한 혹은 경쾌한 선율 속에서 함께 춤추는 텍스트의 향연을 느껴보길 바랍니다.

오늘의 감정, 클래식

디트리히 피셔-디스카우(바리톤), 제럴드 무어(피아노) /
1961, ORFEO

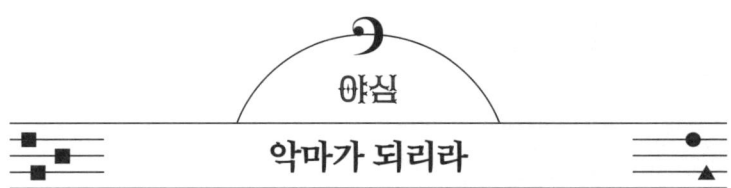

악마가 되리라

리스트, 〈파가니니에 의한 대연습곡〉 S.141 No.3 '라 캄파넬라'
Franz Liszt, 〈Grand Etudes After Paganini〉 S.141 No.3 'La Campanella'

'낭중지추(囊中之錐)'

오래전부터 제 SNS 계정의 소개글은 위 네 글자였습니다. '주머니 속의 송곳'. 뛰어난 사람은 숨어있어도 저절로 남의 눈에 드러난다는 뜻의 사자성어죠. 이 사자성어를 알게 된 이후 제 인생은 주머니 속의 송곳이 되기 위한 노력의 연속이었습니다.

예술을 업으로 삼는다는 것은 세상에는 나보다 몇 배는 더 길고 뾰족한 주머니 속의 송곳이 있다는 깨달음의 연속이기도 합니다. 내가 오랜 시간 연습한 것을 쉽게 해내는 사람들, 내가 바라는 무언가를 이미 가진 사람들, 내가 꿈꾸는 무대에서 재능을 마음껏 드러내는 사람들. 수많은 송곳을 보며 저는 좌절을 거듭할 수밖에 없었죠. '그래, 예술은 저런 사람들이 하는 거지'라며

악마의 바이올리니스트라 불리던 니콜로 파가니니.

애써 쓴웃음을 짓는 저에게 '낭중지추'는 언제부턴가 그저 바꾸기 귀찮아 내버려 둔 네 글자의 인사말이 되어버렸습니다.

하지만 이 책에서 마지막으로 소개할 이 작곡가는 조금 다릅니다. 세계 최고의 피아니스트를 꿈꾸던 이 청년은 어느 날 한 바이올리니스트의 공연을 보게 되었는데요. 사람의 솜씨라고는 믿기지 않는 현란한 기교, 화려하다 못해 보는 이의 혼을 쏙 빼앗아 버릴 정도로 미친 듯한 속주, 마치 악마가 바이올린을 켜는 듯한 이 바이올리니스트의 모습에 웃음을 지어 보였습니다. 쓴웃음이 아닌 '나 또한 저런 연주자가 되어야겠다'는 야심 가득한 웃음이었죠. 이 청년은 프란츠 리스트였고, 악마 같은 연주를 보였던 그 바이올리니스트는 바로 니콜로 파가니니_Niccolò Paganini, 1782-1840_였습니다.

프란츠 리스트는 1811년 헝가리의 작은 마을 라이딩▪에서 태어났습니다. 많은 음악가가 그랬듯 리스트도 아버지에 의해 음악

▪ 현재는 오스트리아 영토이다.

적 재능이 발견되고 훌륭한 음
악 교육을 받을 수 있었는데요.
여섯 살에 아버지께 처음으로
피아노를 배운 이후 빈으로 유
학을 떠나 살리에리에게 작곡
을, 체르니에게 피아노를 배우
며 착실하게 성장했고 뮌헨, 슈
투트가르트, 파리, 런던, 맨체
스터 등 유럽 각지를 돌며 수
많은 무대에 올랐습니다. 물론

프란츠 리스트는 최고의 슈퍼스타였다.

이 연주들은 모두 아버지가 기획했죠.

천재의 탄생을 널리 알리긴 했지만 아직 어렸던 리스트에게
쉴 새 없는 연주 일정은 큰 부담으로 다가왔습니다. 몸과 마음 모
두가 지칠 대로 지쳐서 급기야 무대를 기피하는 모습까지 보였
죠. 리스트는 훗날 이 시기를 "서커스단의 동물 같았다."라고 말
하기도 했습니다. 그러다가 음악에 대한 리스트의 태도를 송두
리째 바꾼 사건이 벌어집니다.

1832년 4월 20일, 콜레라의 대유행으로 죽어간 파리 시민을
추모하는 콘서트에서 파가니니의 연주를 보게 된 거죠. 파가니
니는 신들린 듯한 연주로 유럽 전역을 휘어잡던 전설적인 바이
올리니스트였습니다. 연주가 어찌나 화려했던지 '악마에게 영혼
을 팔아 기교와 테크닉을 얻었다'는 루머가 돌 정도였습니다. 이

날의 연주에서도 파가니니는 광기 어린 듯한 신들린 연주를 들려주었죠.

비르투오소 연주를 처음 접한 리스트는 큰 충격을 받았습니다. 이날 이후 그는 '피아노계의 파가니니가 되어야겠다'는 야심 찬 목표를 세우게 되죠. 기존 연주 방식을 버리고 스케일이 크고 화려한, 역동적이고 극적인 스타일의 연주자로 탈바꿈하기로요. 전혀 다른 스타일의 연주자가 되기 위해 그는 하루 열 시간 이상 연습하며 목표를 향해 빠르게 나아갔습니다. 우리에게 익숙한 비르투오소로서의 리스트가 바로 이 시기에 만들어졌습니다.

그는 프랑스 파리를 중심으로 활동하며 파가니니가 그랬듯 악마를 연상시키는 화려한 기교와 테크닉으로 청중을 매료시켰어요. 음악과 음악 외적인 퍼포먼스에서 리스트를 따라올 연주자는 없었죠. 악보를 외워서 연주하고, 무대에서 연주자의 모습이 잘 보일 수 있도록 피아노를 배치한 것은 리스트에 의해 만들어진 개념입니다. 그는 어떻게 해야 관객이 열광하는지를 정확히 알고 그것을 적극적으로 즐길 줄 알았던 연주자였으니까요.

리스트는 연주자로서 주목받았지만 작곡가로서의 활동도 게을리하지 않았습니다. 자신의 연주 실력을 뽐내기 위한 화려하고 규모가 큰 작품을 다수 작곡했죠. 대표적인 작품이 바로 자신에게 큰 영향을 미쳤던 파가니니의 곡을 편곡해 발표한 〈파가니니에 의한 초절기교 연습곡〉입니다. 온갖 기교와 표현이 만발하는 파가니니의 음악을 피아노 버전으로 탄생시킨 작품이죠. 하지만 당대 피아니스트들은 연주할 수 없을 정도로 끔찍한 난이도여서 심한 반발을 샀습니다.

결국 리스트는 이 작품을 수정해 1851년 〈파가니니에 의한 대연습곡〉이란 이름으로 다시 발표합니다. 음악적 연륜이 더해진 리스트답게 연주 난도는 낮추고 음악성을 높인 작품이죠(오늘날 피아니스트들이 주로 연주하는 버전은 '초절기교'가 아닌 '대연습곡' 버전입니다). 〈파가니니에 의한 대연습곡〉에는 총 여섯 개의 피아노곡이 수록되어 있습니다. 3번 곡을 제외한 다섯 곡은 모두 파가니니의 〈무반주 바이올린을 위한 24개의 카프리스〉를 새롭게 편곡한 곡이고, 그중 3번 곡 '라 캄파넬라La Campanella'는 파가니니의 바이올린 협주곡 2번 중 3악장을 편곡한 작품이죠. 동시에 가장 유명한 곡이기도 합니다.

La campanella는 이탈리아어로 '작은 종'을 뜻합니다. 파가니니가 교회 예배당의 종소리에서 영감을 받아 바이올린 협주곡을 작곡한 것에서 따와 이러한 별칭이 붙었지요. 리스트도 이 매력을 극대화해서 편곡했습니다. 곡의 전반부 고음에선 가냘픈 듯 투명하고 영롱한 종소리가, 후반부 저음에선 거대하고 웅장한 종소리가 심장을 두드립니다. 물론 종소리를 표현하기 위해 연주자들은 최대 15~16도에 이르는 넓은 도약과 민첩한 트릴▪, 동음 연타, 빠른 속주 안에서의 정확한 타건 등 난도 높은 기교

▪ trill. 어떤 음을 연장하기 위하여 그 음과 2도 높은 음을 교대로 빨리 연주하여 물결 모양의 음을 내는 장식음. 기호는 tr.

를 감내해야 합니다. 여기에 풍부한 음악적 표현이 더해진다면 마침내 찬란한 은빛 종소리의 향연이 펼쳐지죠. 파가니니의 작품에서 영향을 받았지만 '라 캄파넬라'는 리스트를 대표하는 작품이 되었습니다.

'낭중지추'의 야심을 처음 새기던 때로 돌아가 봅니다. 물론 여전히 세상엔 저보다 길고 뾰족한 송곳이 많습니다. 하지만 그 어떤 송곳이라도 저를 대체할 순 없을 겁니다. '클래식을 전공하고, 아카펠라 팀에서 활동하며 클래식 유튜브를 운영하고, 책을 쓰고 강연하는 작가'는 저 하나뿐이니까요. 어쩌면 그때의 리스트 역시 이런 마음이 아니었을까요? 그가 꿈꾸던 악마, '피아노계의 파가니니'는 그저 현란한 기교와 테크닉을 늘어놓는 피아니스트가 아닌 '누구도 대체할 수 없는 나'가 아니었을까요?

오늘의 감정

호르헤 볼렛(피아노) / 1972, RCA

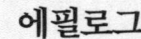

에필로그

원고를 쓰기 시작한 날로부터 꽤 오랜 시간이 흘렀습니다. 감정과 클래식 음악을 엮어보겠다며 당차게 시작했지만, 지극히 개인적이고 주관적인 영역인 '감정'을 소재로 글을 쓴다는 것은 쉬운 일이 아니었죠. 혹여 내 이야기가 공감을 불러일으키지 못하면 어쩌나, 아니 더 나아가 누군가에게 상처가 되지는 않을까, 조심스러운 마음으로 원고를 썼습니다. 이 마음이 여러분에게 잘 닿았기를 바랍니다.

책의 첫머리, 이 책을 다 쓰고 난 뒤 찾아올 해방의 기쁨을 쓴 기억이 떠오릅니다. 지금 해방의 기쁨이 제일 크게 느껴지긴 합니다만 단순히 '기쁨'이라 표현하기엔 조금 더 복잡 미묘한 여러 감정이 함께 느껴집니다. 이후 기다리고 있을 여러 과정에 대한 걱정(두 번째 책이기에 느낄 수 있는!), 원고를 쓰는 동안 도움을 주었던 이들에 대한 감사, 예정보다 늦게 완성된 원고를 기다린 출판사 분들에 대한 죄송함, 이 책이 가져다줄 새로운 세상에 대한 설렘 등…. 아! 저 자신에 대한 대견함도 빼놓을 수 없겠네요.

어쩌면 감정을 느끼는 모든 순간이 다 그렇지 않은가 생각해 봅니다. 단순히 '기쁘다', '슬프다'가 아닌 여러 감정이 복합적으로 얽히는 것. 그렇게 나만의 감정이 만들어지고 이것이 모여 나만의 기억과 경험이, 더 나아가 내 삶이 되는 것. 그렇게 우리 삶은 매 순간 다채로워지고 있습니다.

언젠가 인생 경험이 더 쌓이고 나면 같은 감정으로 다시 한번 글을 써보고 싶습니다. 그때는 제 인생에 어떤 경험이 더해졌을지, 감정의 폭은 얼마나 더 넓고 깊어졌을지, 아니면 이 책 속의 이야기가 여전히 강렬한 기억으로 남아있을지, 또 그 감정엔 어떤 클래식 음악이 자리하고 있을지 궁금합니다.

이 책의 원고를 쓰며 제 감정은 아주 말랑해졌습니다. 나도 모르는 사이 굳어있던 수많은 감정이 글을 쓰는 과정에서 다시 살아 숨 쉬었고, 그렇게 울고 웃으며 한 글자 한 글자를 채워갔습니다. 제가 그랬던 것처럼 여러분도 이 책을 읽으며 조금은 말랑말랑해지길 바라봅니다. 언제나 그래왔듯 앞으로도 우리 삶의 순간순간은 늘 감정과 함께할 테니까요.

그럼, 품 안의 이 원고도 이제 세상 밖으로 떠나 보내겠습니다. 배경 음악은 오페라 〈피가로의 결혼〉 서곡이 좋겠네요.

고마워. 안녕!

오늘의 감정, 클래식

초판 1쇄 발행 2024년 2월 20일
초판 2쇄 발행 2025년 6월 10일

지은이 클래식읽어주는남자(김기홍)

책임편집 류정화

펴낸이 윤주용
편집 도은주, 박미선 | 마케팅 조명구 | 홍보 박미나

펴낸곳 초록비책공방
출판등록 2013년 4월 25일 제2013-000130
주소 서울시 마포구 동교로27길 53 308호
전화 0505-566-5522 | 팩스 02-6008-1777

메일 greenrainbooks@naver.com
인스타 @greenrainbooks @greenrain_1318
블로그 http://blog.naver.com/greenrainbooks

ISBN 979-11-93296-21-9 (03670)

어려운 것은 쉽게 쉬운 것은 깊게 깊은 것은 유쾌하게

초록비책공방은 여러분의 소중한 의견을 기다리고 있습니다.
원고 투고, 오탈자 제보, 제휴 제안은 greenrainbooks@naver.com으로 보내주세요.